RÉPUBLIQUE FRANÇAISE

Liberté — Égalité — Fraternité

DÉPARTEMENT DE LA SEINE

DIRECTION DES AFFAIRES DÉPARTEMENTALES

ÉTAT DES COMMUNES

A LA FIN DU XIXᵉ SIÈCLE

publié sous les auspices du Conseil Général

STAINS

NOTICE HISTORIQUE

ET

RENSEIGNEMENTS ADMINISTRATIFS

MONTÉVRAIN

IMPRIMERIE TYPOGRAPHIQUE DE L'ÉCOLE D'ALEMBERT

1896

STAINS

NOTICE HISTORIQUE

STAINS [1]

Anciennement, communauté de la Généralité et de l'Élection de Paris, subdélégation de Saint-Denis, paroisse du doyenné de Montmorency.

De 1790 à l'an IX, commune du district de Saint-Denis, canton de Pierrefitte.

De l'an IX à 1893, commune de l'arrondissement et du canton de Saint-Denis.

Actuellement, commune de l'arrondissement de Saint-Denis et du canton d'Aubervilliers, en vertu de la loi du 12 avril 1893.

---

1. La nomenclature géographique de la France ne contient aucune autre commune du nom de Stains: on n'y rencontre, avec cette appellation, qu'un hameau de la commune de Villeneuve-sous-Dammartin, au département de Seine-et-Marne.

I. — FAITS HISTORIQUES

Il n'est pas possible de donner avec une certitude absolue l'explication du nom de Stains ; peut-être vient-il du latin : *stagna, de stagnis,* que fournissent des actes du xiii⁰ siècle, et signifie les étangs ; l'abondance des eaux qui, principalement autrefois, sillonnaient le territoire et qu'on y voit encore aujourd'hui, séjournant en plusieurs endroits sous forme d'étangs, justifierait assez cette conjecture, si, d'autre part, une forme du xii⁰ siècle : *de Setanis,* ne donnait à supposer un radical *Sextus* ou *Sextius,* qui serait le nom d'un possesseur gallo-romain de la terre et son premier parrain.

Le premier document où il soit question de Stains date de 1213 et atteste l'importance que ce village commençait alors à prendre ; c'est, en effet, une charte de l'abbé de Saint-Denis, Henri, stipulant qu'il y a lieu de démembrer Stains de la paroisse de Saint-Léger, dont il dépendait, et d'en faire le chef-lieu d'une paroisse distincte.

Cette paroisse de Saint-Léger n'est plus maintenant qu'un souvenir. Alors que l'immense majorité des bourgs fondés à une époque ancienne a subsisté en se développant à travers les siècles, celui-ci par une particularité fort rare, surtout aux environs de Paris, a disparu à peu près complètement depuis la fin du xvii⁰ siècle. Essayons de le faire revivre pour l'histoire.

Au nombre des possessions de l'abbaye de Saint-Denis énumérées dans un acte de 832, figure une localité nommée *Vasconis villa,* située près du monastère ; l'abbé Lebeuf a rapproché ce nom de celui que fournit une charte de 1125 par laquelle « la dîme et l'aître de Saint-Léger *de Gassenvilla* » sont dits appartenir aux héritiers d'un nommé Gozlin. C'est là tout ce qu'a pu trouver le savant historien du diocèse de Paris sur l'antiquité de Saint-Léger de Gassenville ; nous y ajouterons quelques autres mentions.

Les archives de l'abbaye de Saint-Denis, qui nous sont parvenues intactes, contiennent de nombreux baux de terres sises à Saint-Léger ; le plus ancien est en latin et date de 1242 [1] ; puis, on en rencontre un autre de 1261 [2] ; en novembre 1311, l'abbaye donne à bail une pièce de terre « ou terrouer de Saint-Ligier, au lieu que

1. *Archives nationales,* S. 2,307, n⁰ 5.
2. *Ibid.* n⁰ 6.

l'on claime Renier» [1]; — et le 14 avril 1350, une autre pièce, contenant dix arpents de pré « au lieu que l'on dit les Patis de Saint-Ligier, tenant au lonc à la rivière du petit-Croust » [2].

Au mois de juin 1385, Charles VI accorda aux habitants de la paroisse Saint-Léger, — lès Saint-Denis-en-France, « à présent au nombre de dix feux ou environ», — on voit combien faible elle était dès lors, — le droit d'être exemptés des « prises », c'est-à-dire des saisies de voitures, céréales, comestibles, animaux domestiques, draps, couvertures, etc., qui pouvaient être exercées sur ces pauvres gens pour l'approvisionnement des hôtels du roi ou de membres de la famille royale ; ces « molestations » furent converties en une rente de trois charretées de paille que les habitants de Saint-Léger s'engagèrent à faire conduire tous les ans, à la Toussaint, au palais du roi [3].

La seigneurie de Saint-Léger dépendait de l'office de l'infirmier de l'abbaye de Saint-Denis ; elle comprenait bon nombre de lieux-dits dont les noms figurent dans les contrats, dès le XVe siècle, et qui, pour la plupart, se sont conservés : l'Orme, la Fosse Sablonnière, les Masures, le Tertre-Saint-Léger, la Croix brisée. On peut, grâce à eux, reconstituer l'emplacement de la localité ; il correspondait au territoire de Saint-Denis situé au delà des boulevards ou cours actuels de cette ville, entre les portes de Pontoise et Saint-Remy, jusqu'aux limites de Pierrefitte et de Stains. On ne doit pas oublier que, jusque vers 1730, le chemin conduisant à ces deux bourgs sortait de Saint-Denis par la porte Saint-Remy (aujourd'hui chemin de grande communication n° 81). La paroisse de Saint-Léger devait cependant s'étendre sur une partie du territoire que possède maintenant Stains, car un acte du 29 août 1604 mentionne comme en dépendant un moulin que venait de faire construire François de Langle, marchand à Saint-Denis, « entre le moulin appelé Romaincourt et le pont Saint-Lazare, sur le cours de la rivière appelée Vieille-Mer » [4].

L'église était située sur cet ancien chemin de Stains, non loin de l'endroit où il coupe la route de Gonesse ; elle était administrée par un curé qui, habituellement, était vicaire de l'église des Trois-

1. *Archives nationales,* S. 2,307, n° 4.
2. *Ibid.* n° 3.
3. *Ordonnances des Rois de France,* t. VII, p. 124.
4. *Archives nationales.* S. 2,307.

Patrons de Saint-Denis (en 1596, il s'appelait François Desgroust) [1].

La paroisse allait toujours diminuant d'importance, si bien qu'en 1697 elle fut finalement supprimée et réunie à celle de Saint-Remy de Saint-Denis.

Voilà tout ce que nous avons pu recueillir sur le village dont Stains fut démembré en 1213 pour constituer une paroisse nouvelle.

La seigneurie existait sans doute alors, mais depuis quand? Nous savons du moins qu'au mois de janvier 1240, un certain Gervais de Chaumont vendit aux Templiers de Paris les droits de foi et d'hommage qui lui étaient dus par un personnage nommé Henri Basset, à cause de son fief de Stains. Le célèbre ordre du Temple, devenu par la suite, le Grand-Prieuré de France, a toujours eu, jusqu'à la Révolution, des biens et des droits de propriété sur la terre de Stains. C'est d'ailleurs grâce aux documents relatifs à ces biens, et que les Archives nationales ont recueillis [2], que nous avons pu, l'ouvrage de l'abbé Lebeuf aidant, retrouver les noms de plusieurs seigneurs de Stains. Les voici :

En 1409, Messire Andry Dessoubz-l'Orme, mentionné comme mort en 1436 ;

En 1480, Jacques de Saint-Benoist, chambellan du Roi et capitaine d'Arras, reçoit de Louis XI la haute justice de Stains ;

En 1492, Nicole Poulain, avocat au Parlement ;

En 1496, Pierre Desfriches, à cause de sa femme, Catherine Poulain, fille de feu Denis Poulain, seigneur de Stains ;

En 1511, Jean Ruzé, général des finances, auquel le Roi cède la seigneurie en échange de trois muids et trois mines d'avoine par an ;

Dans le cours du même siècle, successivement, et sans que l'on puisse préciser les dates, les familles de Thou, du Mousoy, de Machault par son alliance avec Marie du Mousoy ;

En 1598, la terre est adjugée par décret au prix de 35,000 livres à Achille de Harlay ; l'acte porte que le château est « ruineux ».

Après les Harlay qui possédèrent la terre durant les trois premiers quarts du xviie siècle, l'abbé Lebeuf déclare avoir rencontré le nom de Claude Coquille, secrétaire ordinaire du Conseil d'État qui, en 1678, obtint le droit d'ériger des fourches patibulaires sur le territoire de la seigneurie.

1. *Archives nationales*, S. 2,307.
2. Notamment dans le carton coté S. 5,092.

Son successeur, Toussaint Bellanger, trésorier général du Sceau de France obtint, en 1714, que Stains devint une châtellenie. Avec sa femme, Agnès Préaud, il fonda plusieurs institutions charitables dont nous parlerons tout à l'heure.

A sa mort, qui survint en 1740, Benoît Dumas, directeur de la Compagnie des Indes et ancien gouverneur de Pondichéry, devint seigneur de Stains. Sa veuve en transmit la possession à un M. Joly, grand-audiencier en la chancellerie ; puis, en 1752, la seigneurie appartint à M. Perrinet, fermier général, et fit retour, après lui, au Grand-Prieuré de France, jusqu'à la Révolution.

Quelques documents, trop rares, permettent de se faire une idée de la valeur de la seigneurie de Stains. Voici d'abord l'aveu et dénombrement fourni au Grand-Prieuré, le 13 mai 1496, par Pierre Desfriches et Catherine Poulain ; il fournit d'intéressants détails sur l'état du château et de la terre :

Premièrement, l'hostel seigneurial dudit Stains, assis audit lieu à Stains ; cour, colombier, grange, jardin, le bois joignant ladite maison, le lieu, ainsi qu'il se comporte, tenant d'une part à la rue par laquelle on entre audit hôtel, et d'autre part à une sente.

Les limites de la seigneurie sont ainsi désignées : « laquelle justice est de présent debout (il s'agit des fourches ou gibet où l'on pendait les criminels) et se estend la haute justice et seigneurie depuis le village dudit Stains, du costé devers Garge au ruisseau de l'Égout qui vient de Sarcelles cheoir en une fosse appartenant à Pierre de Ruel et passe outre ladite fosse en allant à la maladrye de Stains et se rend à la chaussée de Gonesse par laquelle on va à Saint-Denis ; et de ladite chaussée et au long d'icelle jusqu'à Saint-Leger, et dudit Saint-Leger à un grand chemin qui retourne tout court à la chaussée de Pierrefitte, qui est près d'icelle chaussée en prenant par le reposoire dudit Pierrefitte qui est outre ladite chaussée en retournant et tirant au long de ladite chaussée à Pierrefitte ; et outre ledit Pierrefitte, selon ladite chaussée jusqu'au chemin par lequel on revient de la procession que l'on fait aux Roysons (1), lequel chemin échet dans le grand chemin par lequel on va des fourches de Stains à Sarcelles, et qui fait aussi la séparation desdites justices de Stains et Sarcelles ; et de ladite borne qui tire droit à une autre borne près du gibet de Sarcelles, et qui fait aussi la séparation desdites justices de Sarcelles et de Stains ; et de ladite borne près dudit gibet et aussi des égouts de Stains qui commencent près icelle borne jusque audit Stains et selon lesdits égouts qui passent au marais de Pierrefitte, et lesquels égouts, ainsy qu'ils se comportent, qui se commencent près du gibet de Sarcelles font la séparation de ladite seigneurie de Stains et de la seigneurie que les hoirs Jean de Saint-Benoist ont audit Stains, du costé de Garge ». (2).

(1). Les Roysons, forme primitive de notre mot Rogations.
2). Archives nationales. S. 5,092.

Un texte, mentionné plus haut, fait connaître qu'en 1598, le château de Stains était en ruines; rien d'étonnant à cela, après les guerres qui, depuis près de cinquante ans, désolaient le pays. Par qui fut-il reconstruit et devint-il ce palais dont Lebeuf disait qu'il est « d'une magnifique apparence », et que les autres écrivains, d'il y a cent ans et moins même, se sont accordés à célébrer? Nous sommes réduits aux conjectures, à défaut d'un renseignement précis et de la vue de l'édifice, qui aurait permis de le dater, mais il y a toute vraisemblance pour que cette construction ait été faite au temps d'Henri IV ou de Louis XIII, par les Harlay. Le château neuf de Saint-Germain venait d'être bâti; on y avait mis en pratique l'invention du président de Monconis pour élever l'eau plus haut que la source, et c'est encore Lebeuf qui nous apprend que le château de Stains fut des premiers à profiter de cette heureuse découverte.

Rien n'y était changé (que le luxe intérieur apporté par ses différents propriétaires) au sortir de la Révolution, lorsqu'en messidor an IX (juin 1801), le domaine fut mis en vente. L'affiche de cette adjudication en présente aussi une utile description [1]:

BIENS PATRIMONIAUX

Dépendans de la succession d'Arnay, à vendre par licitation à l'audience des criées du tribunal de 1ʳᵉ instance, au Palais de Justice de Paris. Ils sont composés..... du domaine de Stains près Franciade (Saint-Denis) à deux lieues et demie de Paris. Il est divisé en quatre lots qui seront réunis.

Le premier lot consiste dans le château bâti à la moderne, distribué en superbes appartemens ornés de glaces, sculptures, dorures, peintures, menuiseries, chambranles et foyers en marbre et de poëles vastes, remises, écuries, basse-cour, trois pressoirs aussi garnis de leurs ustensiles, glacière, mécanique pour la distribution des eaux, orangerie garnie de quatre-vingts beaux orangers et grenadiers, canal de six arpens empoissonné, moulin, potager, verger et parterre plantés d'arbres fruitiers, bois de haute futaie, prairies, terres de labour, avenues de grands arbres, charmilles, bosquets et salons de verdure, groupes et statues en terre cuite, pierre et marbre, le tout dans l'enceinte d'un parc de cent quatorze arpens clos de murs.

Dans ce même lot étaient compris: « une petite maison bourgeoise où étoient les Sœurs de charité », la jouissance des arbres de la route de Gonesse sur le territoire de Stains, et 16 arpents de bois de haute futaie s'étendant hors du parc.

1. Archives de la Seine, Stains, série M, parmi d'autres pièces relatives au Bureau de bienfaisance; voir plus bas pages 16 et 26

Le deuxième lot se composait d'une ferme au bas du village,
avec de beaux bâtiments et 284 arpents de terres labourables et prés,
louée moyennant 214 setiers de blé froment, et 5.000 francs en
argent.

Le troisième lot comprenait une ferme au milieu du village,
avec ses bâtiments et 146 arpents de terres et prés, d'une valeur
locative de 111 setiers de blé froment, et de 2.650 francs en argent.

Le quatrième lot était formé du « grand moulin neuf sur la
rivière de Crou ou Rouillon audit Stains, ustensile et beaux bâtiments », plus 54 arpents de terres, affermés 41 setiers de blé froment,
et 2.128 francs en argent, dont 200 applicables au petit moulin du
parc.

Au total, le domaine consistait en 617 arpents de propriété don-
nant un produit net de 366 setiers de blé froment, et de 9.778 francs
de rente.

Nous remettons à la fin de ce chapitre de parler des derniers
possesseurs du château et de son sort depuis le commencement du
siècle.

Il y avait à Stains, dès le moyen-âge, un autre chef-lieu de seigneurie, c'est le fief ou château de la Motte, nommé aussi, au XVe siècle, fief Taupin de la Neuville ou encore fief de la Motte-Adam, et
qui relevait des sires de Montmorency. Il figure sur les plans anciens
et actuels sous le nom de château de la Motte et, bien que morcelé
par la ligne du chemin de fer de Grande-Ceinture, il existe encore
à l'état de domaine rural. Sa façade sur la route de Pierrefitte est
restée debout; elle doit dater de la fin du XVIIe siècle et a fort bon
air. Dans une délibération municipale du 15 février 1880, il est
question de l'atterrissement ou remblai qui s'était peu à peu formé
en avant de cette façade, et le Conseil chargea son maire d'inviter le
propriétaire à rétablir à cet endroit le pont jeté sur l'étang, que la
commune avait acquis, le 11 mai 1846.

Revenons maintenant en arrière pour parler de ce qui a trait aux
habitants même de Stains. Au moyen-âge, il y avait dans le bourg
une léproserie, destinée aux paroisses de Saint-Léger, Stains et
Garges; elle est mentionnée pour la première fois en 1351.

Ce village, dont les habitants surtout autrefois, vivaient si reti-
rés, si ignorants des bruits de la grande ville et du monde, donna
naissance sous le règne de Louis XIV, à un personnage dont la piété
simple et passionnée, en même temps que les vertus champêtres,
firent une sorte de héros que les Parisiens venaient admirer et qui

trouva après sa mort un biographe enthousiaste. Le vigneron Jean Bessard naquit à Stains, au mois d'avril 1666, et fut baptisé dans l'église paroissiale, le 26 de ce mois. Nous avons relevé dans les registres de baptêmes conservés à la mairie l'acte qui le concerne :

« Le vingt-six dudit moys, a esté baptisé un fils nommé Jean ; ses père et mère Jean Bessard et Denise Moreau ; ses parin et marine Noël Moreau et Denise Claude, tous de ceste paroisse. »

Il mourut de vieillesse le 28 novembre 1752, au cours d'un voyage qu'il avait fait à Paris chez un de ses neveux, habitant rue de la Cossonnerie, paroisse Saint-Eustache, et fut enterré, le 3 décembre, dans le cimetière des Innocents. Laissons maintenant parler le curé de Saint-Benoît, Jean Bruté qui, dès l'année 1753, fit paraître le récit de sa vie :

Il naquit à Stains, le 26 mai 1666 (1). Son père était vigneron, et du côté de son père et de sa mère sa famille comptoit près de trois cents ans d'établissement dans ce village ; à peine eut-il atteint l'âge de raison que M. Le Clerc, docteur de Sorbonne et curé de Stains, voulut se charger lui-même de son éducation ; il le mit au nombre des enfans qui servoient à l'autel..... Il paroîtra sans doute bien surprenant que pendant tout le cours d'une vie de quatre-vingt-sept ans, Jean Bessard n'ait presque jamais manqué aucun office de sa paroisse, qu'il ait toujours porté chappe à matines, à la grande messe et aux vêpres.....

Plus loin, l'auteur explique comment Bessard faisait à ses compatriotes des conférences sur des sujets de piété et quelle renommée, elles lui valurent :

M. de Vintimille, archevêque de Paris, sçut que Jean Bessard instruisoit tous les dimanches à Stains ; il voulut bien approuver son zèle et l'exhorta à continuer. « Allez, lui-dit-il, on m'a rendu compte de vos bonnes œuvres ; je les approuve et je vous autorise pour que vous continuiez vos petites conférences ». Je ne puis vous nommer des personnes de la haute noblesse qui eurent la curiosité de l'aller entendre, et s'il nous est permis dans la suite de les nommer, il n'en faudra pas davantage pour vous donner les plus nobles idées des talens de ce pauvre paysan.....

Il ne faut pas croire au reste qu'il ne fût occupé que de lui seul dans ses prières, mais les besoins des paysans de Stains lui étoient aussi présens que les siens..... car tout Stains est en état de certifier que personne n'étoit divisé qu'il ne se fît un devoir de procurer la paix, soit entre les époux et les épouses, les pères, mères et leurs enfans, les maîtres et les domestiques, les parens et les proches.....

Il n'y avoit aucun habitant qui pût lui reprocher aucun écart. Il faisoit profession d'une pureté angélique ; jamais il n'étoit sorti de sa bouche aucune parole équivoque. On savoit qu'il eût été le maître de se marier avantageusement, et

1. C'est le 26 avril et non le 26 mai.

il avoit préféré le conseil de l'Évangile à tous les biens qu'on eût pu lui proposer ; il avoit toujours mené une vie pauvre et laborieuse. Il avait hérité peu de choses de ses parens, mais il se contentoit du peu que lui rapportait son travail ; d'ailleurs, il ne vivoit que de lait, de pain et d'une petite quantité de vin ; sa vie était sobre et toujours la même, et c'est sans doute à cette vie si réglée qu'il a dû la longue carrière qu'il a remplie.....

Je sçais qu'en 1740 et en 1741 il trouva des secours pour les pauvres de sa paroisse ; il venoit à Paris les solliciter, et je l'ai vu pénétré de la plus vive reconnaissance à l'égard de ceux qui vouloient bien lui confier des aumônes pour les répandre dans le sein des pauvres familles de Stains.....

On peut assurer que les témoignages de charité et de compassion qui le rendoient si reconnaissant à l'égard de ceux de qui il les recevoit, étoient la récompense particulière du respect qu'il avoit eu pour sa mère, et des soins pris ; elle mourut il y a quelques années, âgée de 95 ans, et elle ne pouvoit plus rien faire depuis longtemps ; son esprit s'étoit affaibli. Pendant tout le temps de sa vieillesse, Jean Bessard, vieux lui-même, la levoit, la couchoit, la portoit entre ses bras ; il avoit pour elle plus d'attention que la mère la plus tendre n'en a pour ses enfans. Il suffisoit que sa mère tînt à son égard la place de Dieu pour se persuader que ç'eût été pour lui le plus grand des crimes, je ne dis pas de l'abandonner, mais même de la contrister.....

Dans un autre endroit, Bruté rapporte que Jean Bessard détermina les habitants de Stains à s'enrôler dans la confrérie du Sacré-Cœur, établie récemment chez les Dames de l'Union chrétienne, rue Saint-Denis, à Paris, et que leur église était assidûment fréquentée par ces braves cultivateurs ; que, plus tard, Bessard obtint des autorités ecclésiastiques la permission d'établir cette confrérie à Stains même, où elle prospéra.

Citons encore ce dernier trait d'une apologie dont la franchise naïve atteste la sincérité :

J'ajouterai enfin qu'il y a quelques années M. le Nonce ayant dîné chez M. Bellanger, seigneur de Stains, ce prélat se fit un plaisir d'aller avec toutes les personnes qui l'accompagnoient rendre visite à Jean Bessard. Le bien qu'il avoit entendu dire de lui le porta à aller respecter la vertu et la piété de ce pauvre vigneron, et les éloges qu'il en fit après l'avoir vu ne contribuèrent pas peu à le rendre plus précieux à son village.

Nous avons multiplié les extraits de cette relation, car elle est écrite d'un style agréable et offre un tableau non sans charme d'une existence de vigneron de Stains, il y a quelque deux cents ans. Certes, l'extrême dévotion de Jean Bessard confinait au fanatisme et prête un peu maintenant à sourire ; mais sa piété filiale, l'esprit de conciliation qui l'animait, sont de louables vertus, toujours bonnes à donner en exemple.

Voici maintenant des faits qui intéressent l'histoire de toute la communauté des habitants.

En 1723, par actes des 3 février et 15 mars, Toussaint Bellanger, seigneur de Stains, trésorier général du Sceau de France, et Agnès Préaud, sa femme, se concertèrent avec le curé de la paroisse, Étienne de Villiers, Nicolas Ganneron, seigneur de la Motte et de la Maison-Rouge, et Marie Bethemont, sa femme, pour la fondation à Stains d'une maison de Filles de la Charité qui serait à la fois un hôpital et une école de filles. A cet effet, Toussaint Bellanger acquit la maison du sieur Bethemont, procureur au Parlement, sise vis-à-vis de l'avenue du château (c'est encore aujourd'hui la maison des Sœurs) et créa une dotation de 20.000 livres, sur lesquelles 50 livres par an furent réservées pour le maître d'école des garçons dont l'enseignement devait être gratuit, sauf la gratification en vin que les habitants avaient coutume de lui octroyer au moment des vendanges.

Au mois de novembre 1724, un acte était rédigé pour l'établissement d'une nouvelle école de garçons en remplacement de l'ancienne, voisine du presbytère, qui était trop petite et tombait en ruines. Nous possédons aussi le texte d'une intéressante délibération « du bureau des sieurs directeurs et administrateurs de l'hôpital de la Charité »; c'est, à la date du 18 décembre 1729, un règlement de la maison : la supérieure délivrera les bouillons et autres soulagements convenables aux habitants inscrits sur la liste arrêtée par le seigneur et le curé; les pansements et les médicaments seulement à ceux qui figureront sur une liste spéciale.

Tout secours, quel qu'il soit, sera absolument refusé à ceux qui n'enverraient pas leurs enfants régulièrement aux écoles, catéchismes, prières et autres exercices, particulièrement à la messe célébrée tous les jours à 7 heures du matin, en été, et à 8 heures, en hiver. Les parents qui, à certains moments, pourront avoir besoin de leurs enfants pour les seconder dans le travail, devront s'entendre à ce sujet avec le chapelain et la supérieure, afin d'obtenir pour eux des heures d'école spéciales.

« Les mandiants étrangers courant sur les chemins et dans la campagne ne seront pas admis à la portion ».

Enfin, par contrat du 12 octobre 1732, Toussaint Bellanger ajouta à ses libéralités précédentes le don d'une rente de 1.325 livres en faveur des établissements qu'il avait fondés.

La plupart des actes que nous venons d'analyser étaient

consentis par la communauté des habitants, avec un syndic à leur tête ; leurs noms y figurent, suivis de l'indication de la profession, et c'est là une indication précieuse. C'est ainsi que sur 150 habitants de Stains, ou environ, qui signèrent ces titres, presque tous sont vignerons (dont Jean Bessard) ; les autres se répartissent ainsi : trois marchands de dentelles, deux boulangers, deux cabaretiers, deux maçons, un charron, un meunier, un cordonnier, un farinier, un bourrelier, un charcutier, un menuisier, un chirurgien (barbier) et un maréchal [1].

Nous approchons de la Révolution. Pendant les trois dernières années de l'ancien régime, de 1787 à 1789, une nouvelle organisation administrative, celle des assemblées provinciales, fut créée et Stains fit partie du département de Saint-Germain-en-Laye et de l'arrondissement de Gonesse. La municipalité eut alors à rédiger le cahier de ses doléances pour le soumettre aux États Généraux de 1789. Il a été publié [2] : on y trouve une série de réflexions sur l'administration et les finances, le clergé, la justice, la liberté, la propriété et la suppression de la féodalité, mais rien d'absolument local, et c'est ce qui nous intéresserait surtout ; les habitants de Stains réclament l'abolition des capitaineries, des péages, des colombiers, la gratuité des écoles, l'arrestation des mendiants au même titre que les vagabonds — et comme si l'ombre de Jean Bessard eût encore plané au-dessus d'eux, — la rénovation « des anciennes lois sévères contre les blasphémateurs du saint nom de Dieu proféré publiquement ».

Sous la Révolution et les régimes qui la suivirent, le village donna bien peu d'occasions de faire parler de lui ; le grand labeur de la terre l'occupe exclusivement et les événements politiques passent à côté de lui sans l'interrompre.

Les habitants accueillirent avec allégresse la Révolution de 1848, leur maire tout le premier, et l'on a d'autant plus lieu de le constater que ce maire était M. de Vatry. Voici la relation de la cérémonie du 29 mars 1848, transcrite dans le registre des délibérations municipales :

Ce jourd'huy 29 mars 1848, deux heures et demie du soir,
Le maire et l'adjoint réunis au Conseil municipal et à la garde nationale de

1. Les actes relatifs à la fondation de l'hôpital et de la maison d'école de Stains ont été imprimés en une très rare plaquette dont on trouvera le titre complet à la fin de cette notice historique, sous la rubrique : Bibliographie.

2. *Archives parlementaires*, t. V, pp. 123-124.

la commune de Stains se sont transportés sur la place du village, en face de l'église, d'où est sorti M. le curé, accompagné de son clergé, pour procéder à la plantation de l'arbre de la liberté.

Avant de donner sa bénédiction, M. le curé, dans une chaleureuse allocution, a exprimé le bonheur qu'il éprouvait, comme Ministre de la religion, à donner son loyal concours à la cérémonie, et à engager tous les citoyens qui l'écoutaient à prêter le leur au gouvernement. Il a terminé par le cri de « Vive la liberté ! ». Après la bénédiction, le Maire a remercié M. le curé de ses vœux pour la République, et a retracé, dans quelques mots, le but de la cérémonie ; il a rappelé aux habitants qu'avec leur bon esprit, elle serait un gage de plus de leur assentiment au gouvernement, et a terminé par le cri de *Vive la République*, qui a été répété par tous les assistants.

Il est vrai qu'en 1851, M. de Vatry étant encore maire, le Conseil, à la date du 12 décembre, professait son admiration pour le Coup d'État du 2 décembre, déclarait « adhérer à l'énergique détermination de M. le Président de la République et s'associer à ses patriotiques intentions pour l'avenir, convaincu d'avance qu'elles répondront aux besoins légitimes de la France ».

M. de Vatry donna d'ailleurs sa démission au mois d'août suivant, mais l'un des premiers actes de son successeur fut, le 5 septembre 1852, d'envoyer une adresse à « S. A. I. le prince président, le sauveur de la France ! ».

Songeaient-ils encore à ces démonstrations d'un enthousiasme excessif, les cultivateurs de Stains, lorsqu'en septembre 1870, ils virent les casques de l'ennemi apparaître sur les hauteurs de Garges et de la Butte-Pinson, leur village envahi, leurs vendanges pillées ? Se répétèrent-ils alors : *l'Empire, c'est la paix ?* Le Conseil municipal dut se transporter à Paris ; il y siégea rue Notre-Dame-de-Nazareth, 53, dans un local que M. Langlois, l'un de ses membres, avait mis à sa disposition. Seuls, restèrent à Stains ceux qui ne pouvaient en partir. La présence des Prussiens attira sur le château, sur l'église, les obus du fort de l'Est et de la Double-Couronne ; le château fut démoli, l'église très endommagée, sans compter que l'ennemi l'avait transformée en écurie et que le service paroissial dut être installé dans la chapelle, aménagée à la hâte, de la maison des sœurs. Quand la municipalité revint à Stains, ce fut pour y constater les dégâts de l'invasion : ils s'élevaient pour les bâtiments communaux, à 41.047 fr. 90, somme peu importante encore en comparaison du véritable désastre qu'était la ruine du château [1].

1. Conseil municipal, séance du 15 novembre 1871.

Depuis cette époque, aucun événement marquant n'est venu troubler la tranquillité du bourg, dont la population s'augmente chaque année sans que les usages soient bien différents du temps où vivait Jean Bessard : la mairie continue à entretenir, avec le traitement annuel de 150 francs, un sonneur pour annoncer « le départ et la rentrée des champs et des écoles ». Cette sonnerie se fait entendre à 4 heures, à 11 heures, à 1 heure et 8 heures en été; à 5 heures seulement le matin et à 7 heures le soir en hiver.

En 1878, une habitante de Stains, Mme Venencie, a légué une somme de 20.000 francs pour la dotation d'un prix de vertu annuel de 400 francs à une jeune fille du pays; ce n'est que depuis 1883 que, sur la proposition du maire, cette fondation est affectée au couronnement d'une rosière (séance du 2 août 1883).

Par délibération du 21 juillet 1894, la grande rue de Stains a été dénommé rue Carnot.

Lors du récent voyage en France de l'Empereur et de l'Impératrice de Russie, la municipalité a tenu à s'associer suivant ses moyens, à l'allégresse générale; des drapeaux flottèrent, des illuminations furent faites; le compte de cette dépense — bien modeste, 51 francs, — a été approuvé par le Conseil. dans sa séance du 6 novembre 1896 [1].

---

1. Il faut mentionner ici un fait qui se rattache indirectement à l'histoire de la commune durant ces dernières années. En 1889, la société du journal parisien *La Lanterne* acheta sur le territoire de la commune le Moulin neuf, sur le Rouillon, et le transforma en fabrique de papier. Cette fondation est constatée par une inscription apposée sur la cheminée principale de l'usine :

1889
PAPETERIE DE LA LANTERNE
INAUGURÉE LE 26 MAI
EUGÈNE MAYER ÉTANT DIRECTEUR DE LA SOCIÉTÉ

Cette société a été dissoute en 1896 et la Papeterie de *La Lanterne* a passé, avec la même destination, à d'autres propriétaires.

II. — MODIFICATIONS TERRITORIALES
ET ADMINISTRATIVES

En vertu des lois et décrets de décembre 1789 — janvier 1790 qui divisèrent la France en départements, districts et cantons, la commune de Stains fut placée dans le district de Saint-Denis et le canton de Pierrefitte. Sous le régime de la Constitution de l'an III qui instituait les municipalités de canton et ne donnait aux communes pour leur propre administration qu'un *agent municipal*, les affaires du bourg furent réglées au chef-lieu de canton, c'est-à-dire à Pierrefitte. Stains protesta en haut-lieu contre ce qui lui paraissait une infériorité, et en l'an V, dans sa séance du 24 brumaire, le Conseil des Anciens eut à délibérer sur la pétition du citoyen Veilly, agent municipal de Stains, qui demandait « le changement du chef-lieu de canton à Pierrefitte pour être placé à Stains comme étant la commune la plus centrale et la plus forte en population ». Le Conseil renvoya cette requête au Directoire exécutif « pour la vérification des faits », mais rien ne fut changé.

En l'an IX, le nombre des cantons du département ayant été réduit de seize à huit, le canton de Pierrefitte fut supprimé et les communes qui le composaient rattachées au canton de Saint-Denis. Stains fut du nombre et dépendit de ce canton pendant 92 ans. La loi du 11 avril 1893, en faisant du canton de Saint-Denis une commune unique, a attribué Stains au nouveau canton d'Aubervilliers, dont font également partie les communes de la Courneuve, Dugny, Pierrefitte et Villetaneuse.

En 1877, le Conseil municipal, consulté par la Préfecture, avait été d'avis que la sous-préfecture de Saint-Denis fût maintenue ; il alléguait les facilités de rapprochement et déclarait que le sous-préfet était bien placé pour connaître les besoins des communes rurales (séance du 10 mars). Son opinion ne prévalut pas davantage que celle qu'il émit, le 19 mai 1888, de voir maintenue, telle qu'elle était, l'organisation cantonale.

Nous avons eu sous les yeux le dossier des ventes, effectuées en 1791, de biens nationaux qui se trouvaient sur le territoire de Stains; c'étaient des pièces de terre appartenant à la fabrique de l'église ou à l'abbaye de Saint-Denis; les lieux-dits qu'ils constituaient existent presque tous encore aujourd'hui ; il n'est pas sans intérêt de consigner ici leurs noms : les Sureaux, — le Clos-Hanot, — les Parousets, — les Batestes, — les Roncières, — les Huleux, — la Masure, — les Arges, — la Brislette, — la Ruelle du Moutier, — l'Ascension, — les Longaines, — les Louvres, — les Hatons, — l'Orme-Chiteau, — les Coutures, — les Guinetières, — le Trou-Malot, — les Petits-Voyeux, — les Petits-Sols, — le Aradin, — le Bois-Mousset, — les Cailloux, — le Val du Moulin, — le Paradis, — les Sablons, — les Pouillets, — le Clos Saint-Lazare, — la Pointe-aux-Prêtres, — la Croix-Blanche, — le Pré Notre-Dame, — la Saussaie, — les Garennes, — Romaincourt.

Le plus important n'y figure pas : le Globe de Stains, groupe de maisons en bordure de la route de Gonesse, et qui forme aujourd'hui un hameau de la commune. Nous avons vainement cherché l'origine de son nom ; sans doute elle est due à l'enseigne d'une hôtellerie, mais, à supposer même qu'il en soit ainsi, on ne s'expliquerait encore pas cette dénomination bizarre et, croyons-nous, unique en France. Le « Globe » est déjà inscrit sur l'atlas cadastral, qui date de 1839.

III. — ANNALES ADMINISTRATIVES. — LISTE DES MAIRES.

Ce que nous entendons par annales administratives, c'est-à-dire la mention chronologique des actes de quelque importance accomplis par l'administration municipale depuis l'époque où ils nous ont été conservés par les registres de délibérations, se réduit, pour Stains, à quelques faits seulement. La vie administrative y avait été des plus calmes autrefois ; en dépit de l'extension que nos institutions ont pu lui donner depuis, elle est demeurée encore assez peu active.

Les registres municipaux conservés à la mairie ne remontent pas au delà du 13 mai 1815. Pour cette année-là, le budget de la commune se règle par 630 fr. 96 de recettes et 1.894 fr. 17 de dépenses. La double invasion étrangère de 1814 et de 1815 était la cause de ce manque d'équilibre.

C'est en raison de cette situation financière que le Conseil municipal se refusa, le 1er juin 1816, à voter l'établissement d'un octroi de banlieue : cette institution, pensait-il, à tort d'ailleurs, « obligerait les marchands de vin à faire leurs acquisitions hors du département, les vignerons de Stains seraient donc obligés ou de s'expatrier ou d'arracher leurs vignes, car ils seraient absolument hors d'état de pouvoir payer leur loyer et les contributions, joints aux malheureux événements qu'ils ont éprouvés par l'effet des deux dernières guerres ».

Le 20 septembre 1824, les habitants, convoqués par le maire « à l'effet de les consulter pour avoir un moyen de garder les vignes sur toute l'étendue du terroir de cette commune jusqu'à l'époque des vendanges, en conséquence étant convaincus qu'il importe beaucoup de veiller à la conservation des dites propriétés, et considérant qu'il est impossible que le garde-champêtre communal fasse seul le service », nommèrent six messiers choisis parmi les propriétaires de vignes pour assurer cette surveillance. Une amende de trois francs fut prescrite à l'égard de ceux qui auraient fait défaut sans excuse valable.

Travaux de voirie. — Vote par le Conseil de la réfection du pavé des rues Jean-Durant et aux Ours (20 février 1828). — En 1829, vote d'une réfection semblable pour le lieudit le Christ, pour le carrefour Saint-Claude, la Grande rue (aujourd'hui rue Carnot) entre l'église et la route de Gonesse, la ruelle de l'Église.— En 1832, suppression d'une mare située au bord du « chemin du haut du Roy ».— En 1834, pavage de la rue Poulain.

Puits artésien. — Délibération, en date du 10 août 1835, ayant pour objet d'engager la participation de la commune jusqu'à concurrence de 4.975 francs sur 14.925 francs pour le forage d'un puits artésien. Délibération du 10 mai et du 14 décembre 1836, réclamant une suite à cette affaire.— Ordonnance royale du 12 février 1837 autorisant la commune à s'imposer extraordinairement pour cette dépense. — Inauguration du Château d'eau, le 19 octobre 1895.

Chemins de fer. — Le 18 février 1844, le Conseil prend une délibération relative à l'emplacement à Saint-Denis d'une station du chemin de fer de Belgique (par Pontoise) à Saint-Denis, et est d'avis que cet emplacement soit plutôt la place aux Gueldres que la Maison de Seine ; c'est ce dernier, qui fut pourtant préféré.

8 mai 1846 : le Conseil repousse avec force le projet de construction d'une ligne de chemin de fer entre Paris et Louvres (tracé de la ligne actuelle de Creil). Il met en avant la perturbation que causerait cet établissement dans les mœurs des habitants, le prix

modique auquel est estimée la valeur des terres, et finalement déclare que si on passe outre à sa protestation, il réclame une station située entre Pierrefitte et Stains, — ce qui fut fait.

Il est à noter que les deux délibérations que nous venons d'analyser sont identiques à celles que la commune de Pierrefitte prit sur le même objet.

8 juin 1856 : le Conseil réclame pour la station de la ligne de Creil, la priorité de dénomination en faveur de Stains : les deux localités est-il dit, sont à distance égale de la ligne, mais Stains a beaucoup plus d'importance en raison de sa population, du château et des établissements industriels. Ces arguments ne prévalurent pas contre le fait matériel que la gare en question était située sur le territoire de Pierrefitte.

1er mai 1877. Délibération relative au chemin de fer de Grande-Ceinture, par laquelle le Conseil réclamait l'établissement d'une station et non d'une halte au croisement de la route de Gonesse, afin que les communes de Dugny, Garges, Arnouville et Bonneuil pussent être desservies en même temps que Stains. Ce vœu ne fut pas exaucé, et l'on peut le regretter. Quant à la station même de Stains, elle s'élève à l'extrémité sud-ouest du bourg, dans un endroit assez isolé, situation que déplorait le Conseil.

Éclairage. — Jusqu'à l'année 1865, il n'y eut pas la moindre organisation d'éclairage public dans la commune. Par délibération du 10 août 1865, le Conseil vota l'acquisition de 22 appareils d'éclairage à l'huile. La question de l'éclairage au gaz ne devait être mise à l'étude, pour la première fois, que le 3 juin 1873.

Poste aux lettres, Télégraphe. — Le service postal fut durant fort longtemps fait par le bureau de Pierrefitte, d'où des retards considérables dans la distribution des lettres et des protestations du Conseil (voy. notamment une délibération du 10 novembre 1864). Par acte du 20 février 1880, la municipalité s'engagea « à fournir gratuitement pendant une période de 18 ans un local convenable pour l'installation du service postal, et, le cas échéant, du service télégraphique ainsi que pour le logement du titulaire ». Le 7 janvier 1881, le Conseil autorisait le maire à signer avec le ministre des Postes et Télégraphes, la convention ayant pour objet de garantir à l'État le fonds de concours nécessaire pour la création d'un bureau télégraphique.

MAIRES DE STAINS

VEILLY, *agent municipal*. Mentionné en l'an V.

GARDE. Mentionné en l'an IX (1801) et encore en 1810.

BONNEMAIN, Louis-Charles. Réélu par les habitants le 16 mai 1815 (1).

BERNANDA, François-Nicolas. Élu en 1824. Démissionnaire en 1829.

BAUDOUIN, Toussaint. Élu le 9 septembre 1830. Décédé le 19 novembre 1846 (2).

VATRY, Alphée de. 11 janvier 1847 — août 1852. Démissionnaire.

AUBERT, Ferdinand-Charlemagne. 28 août 1852 — décembre 1857.

CAYRON. Mars 1858-1860.

BONNEMAIN, Pierre-Denis. 1860-1865. Démissionnaire.

GRIVOT, Nicolas-Joseph. 3 juin 1865 (3) -1878.

CERF, Ernest. 21 janvier 1878. Démissionnaire.

AUBERT, Jean-Pierre. 17 février 1878 — mai 1888. Démissionnaire.

LANGLOIS, Georges. 20 mai 1888-1890.

LÉCUYER, Léopold-Auguste. 1er juin 1890. Démissionnaire.

BÉGUÉ, François. 15 novembre 1890-1896.

SOLON, Charles-Jean-Baptiste. 16 mai 1896.

IV. — ÉDIFICES PUBLICS.

Église.— C'est un édifice de la seconde moitié du XVIe siècle sans grande beauté architecturale, mais dont le clocher pointu, se détachant en avant de la ligne bleue des collines qui ferment l'horizon au nord, se voit de loin et fait bon effet. L'église est consacrée à Notre-Dame et à une sainte « fort inconnue » dit l'abbé Lebeuf, sainte Gemme. Au milieu du chœur, a été inhumé en 1740, Toussaint Bellanger, seigneur et bienfaiteur de Stains, (voir pp. 11 et 16). La commune a dû faire à plusieurs reprises d'importants sacrifices pour réparer son église : 4.960 francs en 1814, 1.890 francs en 1823, etc. 4.

1. Le registre des délibérations porte à cette date que les habitants se réunirent en assemblée générale dans l'église « pour le renouvellement des autorités municipales ».

2. Ce maire ayant été décoré de l'ordre de la Légion d'honneur en 1845, prêta serment en cette qualité le 4 mai. La formule de son serment est consignée au registre des délibérations municipales.

3. « Par décret de l'Impératrice », dit le registre.

4. Les Archives de la Seine ont acquis récemment, parmi des documents provenant de l'Enregistrement, un acte de vente, le 9 novembre 1716, par Thibaut de Stors à l'église de Stains d'une rente de vingt livres sur une maison du bourg, rue Poulain, moyennant quatre cents livres, somme à provenir du rachat d'une rente de soixante-quatre livres à prendre par l'église sur les biens immeubles de la succession vacante de feu Michel Lescuyer.

Château.— Nous avons, dans le premier chapitre de cette notice donné une liste, aussi complète que nous l'avons pu, des possesseurs du château de Stains sous l'ancien régime ; c'étaient des seigneurs ; ce ne furent après que des propriétaires. On l'a vu : au moment où ce siècle-ci commençait, en messidor an IX, la terre était à vendre, la succession du citoyen d'Arnay étant ouverte; elle fut adjugée à M. Debaulny, agissant sans doute pour le compte de M. Sanguin de Livry, à qui elle appartint réellement au moins jusqu'en 1810, mais il avait vendu le domaine rural à un M. Perrin.

Le château appartint ensuite à Jérôme Napoléon, roi de Westphalie, puis il passa entre les mains de M. Foignet, ingénieur en chef du cadastre de Gênes qui, par acte du 27 décembre 1828, passé dans l'étude de Mᵉ Foucher, notaire à Paris, le vendit à M. Pierre-Laurent Hainguerlot [1]. Désormais, le château devait rester dans cette famille; Mᵐᵉ de Vatry qui en fut la dernière propriétaire était, en effet, une Hainguerlot et ce sont ses héritiers directs, qui, il y a moins de quinze ans, ont vendu ce qui restait du domaine.

Les contemporains ont loué la beauté du château de Stains, et des curiosités que renfermait son parc: « Ce château, dit Dulaure [2], est situé sur une élévation et domine la plaine de Saint-Denis ; les bâtiments en sont spacieux, c'est une des plus belles habitations des environs de Paris. Le parc a une étendue considérable ; il est coupé de champs et de prairies ; quelques parties offrent l'aspect des belles vallées de nos contrées méridionales. Le Crould le traverse [3] et ses eaux sont portées dans tous les points par de petits canaux pratiqués avec habileté. On remarque entre les animaux qui peuplent le bois, des cerfs à pieds blancs, les seuls, dit-on, qui existent en France ».

Sur la carte des *Environs de Paris* gravée par Charle (vers 1845) le nom de Stains est accompagné de cette mention: « Château avec parc, qui renferme les oiseaux aquatiques les plus rares ».

Sous le second Empire, cette résidence ne fut plus guère habitée: par délibération du 8 juillet 1867, le Conseil demandait le dégrève-

---

1. Nous devons la plupart des renseignements sur les derniers propriétaires du château de Stains à l'obligeance éclairée de Mᵉ Besnard, notaire à Saint-Denis.

2. *Histoire des Environs de Paris,* édition de 1838, t. III, p. 134.

3. C'est là une erreur: ce parc était arrosé par le ru de Stains.

ment pendant cinq ans de l'impôt mobilier de 1.200 francs dont elle était frappée ; en effet, comme elle n'était pas occupée, c'était l'ensemble des habitants de la commune qui supportait cette taxe.

Nous avons dit que le château fut bombardé pendant la guerre et démoli peu après ; il ne reste plus aujourd'hui que le souvenir de son emplacement, traversé par l'avenue Hainguerlot, et deux dépendances, l'orangerie, louée à un cultivateur, et les communs, qui sont devenues la mairie.

Mairie. — Au commencement du siècle, il ne semble pas qu'il y ait eu de mairie proprement dite à Stains : c'est dans l'église, on l'a dit, que, le 16 mai 1815, les habitants réunis élurent leur maire.

Le 8 mai 1831, le Conseil municipal décida l'acquisition par la commune à la fabrique d'une maison et de ses dépendances, sise dans la grande rue et faisant l'une des encoignures de la demi-lune qui fait face au ci-devant château de Stains. Une ordonnance royale du 9 février 1831, autorisa cette acquisition, et la mairie eut là son siège pendant plus de cinquante ans.

En 1878, le 14 novembre, le Conseil votait l'achat de la place de Vatry, dite la Belle-Allée, au prix de 10.000 francs, avec l'intention d'y édifier une mairie et maison d'école pour les garçons, puis, le 23 mars 1882, il autorisait le maire à aliéner les bâtiments qu'occupait alors la mairie et à traiter avec les héritiers de Mme de Vatry pour acquérir les anciennes écuries du château où l'on installerait les services municipaux, le bureau de poste et le logement d'un médecin. Cette négociation fut accomplie, et, bien qu'établie dans un local d'une origine peu noble, la mairie de Stains a un aspect singulièrement imposant, que les mairies de communes rurales ne présentent que bien rarement.

Maison de charité. — La maison que Toussaint Bellanger acquérait en 1723 pour y installer l'hôpital et l'école de filles de la paroisse est encore debout, et a en partie conservé sa destination primitive. Il existe tout un dossier à son sujet aux Archives de la Seine, et l'on y trouve des faits intéressants : les sœurs de Charité n'abandonnèrent pas leur poste pendant la Révolution. En 1801, on voulut la considérer comme une dépendance de l'ancien domaine seigneurial et la vendre comme telle, mais la commune protesta, et finalement M. Sanguin de Livry en fit officiellement abandon au Bureau de Bienfaisance par acte passé devant Me Marchoux, notaire à Paris, le 13 juin 1810. Cette donation, si c'en était une, fut confirmée par ordonnance royale du 24 septembre 1814.

Vers le milieu du siècle, les bâtiments furent agrandis, grâce à la libéralité de Mme de Vatry ; sous la troisième République, le bâtiment de l'école des filles qui s'y adosse a été construit, mais la façade, à l'angle de la Belle-Allée et de la rue Carnot, est restée ce quelle était au XVIIIe siècle. Au dessus de la porte, se lit l'inscription :

```
┌─────────────────────────┐
│                         │
│        CHARITAS         │
│         1733            │
│                         │
└─────────────────────────┘
```

surmontée d'une croix, et, en deux lignes, elle contient deux fautes; il faudrait *Caritas*, et 1723, véritable date de la fondation de Bellanger. Il paraît que la plaque de marbre portant l'inscription primitive avait été détruite pendant la guerre par un éclat d'obus ; elle a été refaite, mais comme on le voit, assez maladroitement.

BIBLIOGRAPHIE

« Titres et pièces concernant la fondation faite dans la paroisse de Stains d'un hôpital et de deux sœurs de la Charité et d'un prêtre chapelain chargé de dire tous les jours la messe au château, avec établissement des écoles charitables pour l'instruction gratuite des enfants de l'un et l'autre sexe ». In-4° s. l. n. d. (Brochure fort rare, conservée à la Bibliothèque nationale sous la cote Rz, 2607).

« Lettre d'un curé de Paris (Jean Bruté, curé de Saint-Benoit) à un de ses amis sur les vertus de Jean Bessard, paysan de Stains, près Saint-Denis ». Paris, Desprez, 1753, in-12 ; 48 pages (Bibliothèque nationale, Ln²⁷, 1878).

L'ABBÉ LEBEUF, *Histoire du diocèse de Paris* (1760), t. I, pages 580-583 de l'édition de 1883.

FERNAND BOURNON

RENSEIGNEMENTS

ADMINISTRATIFS

I. — TOPOGRAPHIE, DÉMOGRAPHIE ET FINANCES

---

§ I. — TERRITOIRE ET DOMAINE

A. — TERRITOIRE

Nom. — Stains.

Dénomination des habitants. — Stanois.

Armoiries. — Néant.

Limites du territoire. — La commune de Stains est bornée :
Au Nord, par Sarcelles, localité faisant partie du département de Seine-et-Oise ;
A l'Est, par Garges, localité de Seine-et-Oise, et Dugny (Seine);
Au Sud, par La Courneuve et Saint-Denis ;
A l'Ouest, par Pierrefitte.

Quartiers, hameaux, écarts. — Le Globe de Stains, dénomination dont l'origine n'est pas connue, est un groupe d'habitations situé au lieu dit « les Guionnes », au Sud-Est de l'agglomération, à laquelle il est relié par le chemin de grande communication n° 27 ; il est séparé du centre du pays par la route départementale n° 12, de Paris à Garges (route de Gonesse); il se compose de quelques maisons et de plusieurs fabriques importantes, traversées par le ru de Stains.

Lieux dits. — Le Bois de l'Aunay, l'Onchère, les Dourlens, la Petite Fontaine, l'Abîme, les Hucailles, le Paradis, le Petit Voyeux, les Talmouses, la Platrière, les Huleux, les Guignetières, les Hatons, les Pouillets, les Parouzets, les Moutons, les Ronsières, la Cerisaie, les Basses Fourches, le Bois Moussay, le Trou Aubert, les Coutures, le Moulin à Vent, les Fourches, les Cailloux, le Trou Malot, la Prêtresse, les Batètes, le Val du Moulin, les Cluzeaux, les Dubrettes, le Clos Hanot, le Clos Saint-Lazare, Parc de Stains, la Pointe aux Prêtres, les Renaudières, les Régnières, la Croix Blanche, Prairie de Romaincourt, les Guionnes, la Prairie de Stains, les Fonds de Dugny.

Superficie de la commune. — La superficie actuelle du territoire est de 533 hectares, 25 ares, 42 centiares qui se répartissent ainsi :

Propriétés bâties	31 h. 15 a. 90 c.
Propriétés non bâties . . .	502 h. 09 a. 52 c.
Total égal	533 h. 25 a. 42 c.

Arrondissement. — Saint-Denis.

Canton. — Aubervilliers.

Circonscription électorale législative. — Aubervilliers.

Sectionnement électoral. — Pas de sectionnement.

Bureau de vote. — Un seul bureau de vote, à la Mairie.

Circonscription judiciaire. — Justice de paix de Saint-Denis.

Circonscription de commissariat. — Commissariat de police de Saint-Denis (Nord).

Orographie. — Point le plus haut au-dessus du niveau de la mer : 55ᵐ (au lieu dit « la Platrière »), près de la commune de Garges (Seine-et-Oise).

Point le plus bas : 35ᵐ (au lieu dit « les Régnières ») entre la route départementale n° 12 et le territoire de Saint-Denis.

Hydrographie [1]. — La rivière du Rouillon est un cours d'eau fait de main d'homme, alimenté par une prise d'eau dans le Croult dite « le Trou Provendier », située immédiatement après le grand moulin de Dugny, sur le territoire de Dugny. Il traverse la commune de Dugny, puis le territoire de Stains, sur une longueur de 2.500 mètres, formant, pendant 2.000 mètres, la limite entre la commune de Saint-Denis et celle de Stains. Formé du Croult, il s'y jette sur le territoire de Saint-Denis.

La rivière de la Vieille-Mer prend naissance à la source des Brouillards, sur le territoire de Dugny, coule sur le territoire de la Courneuve, qu'elle sépare pendant 600 mètres de la commune de Stains, au fond du vallon compris entre le Croult et le Rouillon et tombe dans le Croult à Saint-Denis, après avoir reçu les eaux d'infiltration du Croult et du Rouillon par une série de fossés d'assainissement.

Le ru de Stains prend sa source à la fontaine de l'Aulnay, au lieu dit « la Petite Fontaine », à Stains, et se jette dans le Rouillon, au lieu dit « les Guionnes », après avoir alimenté la fabrique de celluloïd, dite usine de Romaincourt. Son parcours, tout entier sur le territoire de Stains, est de 2.700 mètres.

Le ru de Stains formait autrefois une grande pièce d'eau, actuellement comblée et qui se trouvait dans l'ancien parc de Stains, aujourd'hui morcelé.

L'égout de la traverse de Stains — 1.600 mètres — qui se déverse actuellement dans ce ru, va être prolongé jusqu'à l'égout de la route départementale n° 12 (anciennement 19).

Le Moleret prend naissance à Rosny-sous-Bois, reçoit les égouts de cette commune, entre sur le territoire de Bondy, où il reçoit l'égout de la route nationale n° 3 et le canal d'assainissement de la voirie de Bondy, puis traverse le territoire du Bourget où il reçoit l'égout de la route nationale n° 2.

A partir de la traversée de la route nationale n° 2, au Bourget, le Moleret prend le nom de Molette ; ce ruisseau traverse le territoire du Bourget, forme limite entre les communes de la Courneuve et de Dugny, puis, sur la longueur de 100 mètres, entre Dugny et Stains, et se jette dans le Rouillon, après avoir passé sous le Croult et par-dessus la Vieille-Mer.

Le ru de la Salle prend naissance dans le département de

---

1. Rapport de l'Ingénieur en chef du département — 1896.

Seine-et-Oise, arrose Dugny et Stains et se jette dans le Rouillon ; son parcours sur le sol de Stains est de 150 mètres [1].

B. — DOMAINE

Mairie. — Le 5 avril 1883, le Conseil municipal vota l'acquisition des écuries et remises de l'ancien château de Stains, dont la famille Hainguerlot était propriétaire, comme héritière de Mᵐᵉ de Vatry. La vente eut lieu au prix de 33.000 francs. La restauration, exécutée en 1884, coûta 30.000 francs.

Le bâtiment est situé avenue Hainguerlot, presque à l'angle de la rue Carnot. La superficie du terrain est de 28 ares, 71 centiares.

[1]

DÉSIGNATION des COURS D'EAU	LOCALITÉS du département situées SUR LES COURS D'EAU	LIMITES dans le département DES COURS D'EAU ou de leurs sections		LONGUEURS comprises dans le DÉPARTEMENT		LARGEUR MOYENNE des cours d'eau ou de leurs sections	PENTE TOTALE par cours d'eau ou par section	SURFACE DU VERSANT de chaque cours d'eau dans le DÉPARTEMENT
		A L'AVAL	A L'AMONT	PAR SECTION	PAR COURS D'EAU			
				mèt.	mèt.	mèt.	mèt.	mèt.
Rivière du Rouillon ..	St-Denis, Stains, Dugny	Rivière du Croult	Rivière du Croult	6.050	6.050	6 »	7,60	2.109
Ru de Stains	Stains	Rivière du Rouillon ...	Fontaine de l'Aunay	2.700	2.700	2,50	10,60	400
Ru de la Molette ou du Moleret	Le Bourget, Bondy, Rosny	Id.	Rosny-sous-Bois	11.650	11.650	2,50	24,80	2.400
Ru de la Salle	Dugny, Stains	Id.	Dépt de Seine-Oise	800	800	2 »	10 »	50
Ru de la Vieille-Mer	St-Denis, La Courneuve, Stains	Rivière du Croult	Sources des Brouillards	4.050	4.050	3 »	4,10	224

DÉSIGNATION des COURS D'EAU	VOLUME PAR SECONDE		
	DES EAUX ORDINAIRES	DES EAUX D'ÉTIAGE	DES GRANDES EAUX
	mèt. cub.	mèt. cub.	mèt. cub.
Rivière du Rouillon	0.240	0.160	0.320
Ru de Stains...................	0.005	0.004	0.015
Ru de la Molette ou du Moleret...	0.020	0.010	0.060
Ru de la Salle..................	0.005	0.003	0.006
Ru de la Vieille-Mer	0.056	0.034	0.310

Il est composé d'un corps de logis avec cinq immenses fenêtres en façade, en retrait avec deux ailes reliées par une grille monumentale.

L'aile droite comprend : au rez-de-chaussée, le logement du concierge, la remise des pompes, les bureaux, la bibliothèque communale. — Au 1er étage : les logements du concierge, du secrétaire de la Mairie, du garde-champêtre, du facteur et deux logements très petits pour deux institutrices célibataires, actuellement inoccupés, les titulaires habitant Paris.

Le bâtiment central, qui n'a qu'un rez-de-chaussée très élevé avec dôme central, comprend le cabinet du maire, la salle des séances du Conseil municipal et la salle des mariages.

L'aile gauche est occupée par les locaux de la poste et le logement de la directrice que, dans sa séance du 15 février 1880, le Conseil municipal s'est engagé à fournir gratuitement pendant 18 ans.

Écoles. — L'école des garçons était autrefois située dans la grande rue, au coin de la Belle-Allée, dans une maison qui, de même que l'ancienne mairie qui était contiguë, a été vendue par la commune et est devenue propriété particulière.

On la reconstruisit, en 1880, pour le prix de 100.000 francs, sur un terrain de 10 ares 56 centiares, situé place de Vatry, et dépendant de l'ancien parc de Stains.

L'école des filles est située, 68, rue Carnot, à l'angle de la Belle-Allée, dans l'établissement charitable fondé, en 1723, par Toussaint Bellanger, seigneur de Stains (Voir Notice historique, pp. 16 et 26).

Église. — L'église (sous le vocable de l'Assomption) est située sur une petite place, à l'angle de la rue Carnot et de la rue du Repos. C'est un ancien édifice, datant du XVIe siècle et qui a été réparé en 1863 et 1865, par M. Lequeux ; cette restauration a coûté 4.095 francs.

L'emplacement occupé est de 5 ares. Le monument appartient à la commune.

Presbytère. — Le presbytère est contigu à l'église ; sa superficie est de 9 ares 44 centiares; il appartient à la commune.

Il est situé **rue** Carnot et communique avec l'église par la sacristie.

Il est surélevé de cinq marches et précédé d'un jardin.

Cimetière. — Le cimetière est situé sur le chemin du Moutier, à 200 mètres au nord de la commune

Sa superficie est de 30 ares 81 centiares.

Sa création remonte à 1826.

Par un décret, en date du 25 décembre 1896, le Président de la République a approuvé diverses délibérations du Conseil municipal tendant à l'agrandissement par acquisition amiable ou, au besoin, par voie d'expropriation, des terrains nécessaires.

Tombes militaires. — Deux terrains surmontés d'une croix portant l'inscription : Tombe militaire, et entourés d'une grille, ont reçu, dans le cimetière, l'une, à droite, les corps de trois soldats français, l'autre, à gauche, les restes de deux soldats allemands.

La municipalité a l'intention d'exhumer les corps des soldats français, et de leur donner une sépulture plus digne d'eux.

Temple. — Néant.

Synagogue. — Néant.

Morgue. — Néant.

Hospice. — Néant.

Hôpital. — Néant.

Crèche. — Néant.

Dispensaire. — Néant.

Fourneau économique. — Néant.

Théâtre. — Néant.

Abattoir. — Néant.

Fourrière. — Néant

Terrains communaux. — Néant.

Fort. — Une redoute, d'une contenance de 5 ares, et formée d'ouvrages gazonnés avec soubassement de pierre meulière, a été construite, depuis la guerre franco-allemande, le long de la voie du chemin de fer de grande ceinture, au centre du pays, près du cimetière, au lieu dit « les Moutons ».

Elle a toujours été inoccupée et n'a qu'une importance stratégique éventuelle. Elle est destinée à recevoir une batterie.

Sur le territoire de Garges (Seine-et-Oise) se trouve un fort qui a reçu le nom de fort de Stains, pour éviter la confusion avec le fort de Garches près de Saint-Cloud (Seine-et-Oise).

§ II. — DÉMOGRAPHIE

A. POPULATION

Les dénombrements faits depuis 1801 donnent les résultats suivants :

```
1801. . . . . . . . . . . . . . . . . . . . . . . . . . . .   958 (1)
1817. . . . . . . . . . . . . . . . . . . . . . . . . . . .   847
1831. . . . . . . . . . . . . . . . . . . . . . . . . . . .   946
1836. . . . . . . . . . . . . . . . . . . . . . . . . . . .   936
1841. . . . . . . . . . . . . . . . . . . . . . . . . . . .   993
1846. . . . . . . . . . . . . . . . . . . . . . . . . . . . 1.046
1851. . . . . . . . . . . . . . . . . . . . . . . . . . . .   932
1856. . . . . . . . . . . . . . . . . . . . . . . . . . . . 1.038
1861. . . . . . . . . . . . . . . . . . . . . . . . . . . . 1.280
1866. . . . . . . . . . . . . . . . . . . . . . . . . . . . 1.571
1872. . . . . . . . . . . . . . . . . . . . . . . . . . . . 1.448
1876. . . . . . . . . . . . . . . . . . . . . . . . . . . . 1.577
1881. . . . . . . . . . . . . . . . . . . . . . . . . . . . 1.868
1886. . . . . . . . . . . . . . . . . . . . . . . . . . . . 2.288
1891. . . . . . . . . . . . . . . . . . . . . . . . . . . . 2.500
1896. . . . . . . . . . . . . . . . . . . . . . . . . . . . 2.707
```

La population est donc devenue trois fois plus nombreuse qu'elle ne l'était au commencement du siècle.

Les tableaux dressés à la suite du dernier recensement nous donnent encore les renseignements suivants :

Population *résidente* : 2.707.

```
Résidents présents . . . . . . . .  2.582 ⎫
   —      absents. . . . . . . .        8 ⎬  2.707 habitants.
Population comptée à part . . .       117 ⎭
```

1. Un siècle auparavant, en 1709, lors du dénombrement des paroisses de la Généralité de Paris, la population de Stains ne comprenait que 173 feux, c'est-à-dire les deux tiers du chiffre d'habitants constaté en 1801 *(Appendice (p. 424) au Mémoire de la Généralité de Paris pour l'instruction du duc de Bourgogne* publié dans la collection des documents inédits de l'histoire de France par M. de Boislisle).

La population *recensée comme présente* le 29 mars 1896, se décompose ainsi :

	ENFANTS ou célibataires	MARIÉS	VEUFS	DIVORCÉS	TOTAL
Hommes..............	682	545	58	4	1.289
Femmes..............	714	561	158	1	1.434
	1.396	1.106	216	5	2.723

La population de Stains, au point de vue de la provenance, se divise ainsi :

15/23es d'habitants venus de divers points de la France ;
7/23es d'habitants nés à Stains ;
1/23e d'Alsaciens et d'étrangers ;

Le classement de cette population par nationalité est résumé dans le tableau suivant :

		HOMMES	FEMMES	TOTAL
Français	Nés de parents français............	1.234	1.365	2.599
	Naturalisés.....................	4	10	14
Étrangers	Allemands.....................	3	3	6
	Belges...........	45	51	96
	Hollandais.....................	1	2	3
	Italien........................	1	»	1
	Suisses.......	1	3	4
		1.289	1.434	2.723

Les départements de la France, qui fournissent à la commune le plus fort contingent, sont :

Seine (non compris Stains) . . . . 548 habitants.
Seine-et-Oise . . . . 231 —
Meuse. . . . . 92 —
Oise . . . . 82 —
Yonne . . . . 63 —

Seine-et-Marne.	56 habitants
Nord	54 —
Aisne.	50 —
Somme.	45 —

En résumé, la population de Stains est ainsi répartie d'après le lieu de naissance :

Français . . . . 2.613 dont . . . . 793 nés dans la commune.
Étrangers. . . . 110 dont . . . . 19 ' —
Soit un total de . . 2.723 habitants, dont 812 nés dans la commune.

B. — HABITATIONS

Nombre de maisons : 328.

Habitations composées d'un rez-de-chaussée	58
— d'un étage	188
— de deux étages	75
— de trois étages ou plus.	7
Total.	328

dont . . . . 308 occupées.
et. . . . . 20 vacantes.
Nombres de logements : 761, occupés par . . . 124 isolés.
et . . . . 637 familles.

7 ateliers.
50 magasins ou boutiques.

C. — DIVERS

Électeurs inscrits en 1896. — 618.

Recrutement. — 24 conscrits ont tiré au sort en 1896.

Chevaux. — 145 chevaux, appartenant à 92 propriétaires :

Chevaux entiers . .	52 dont	2 au-dessous de 6 ans et	50 au-dessus
Chevaux hongres. .	70 dont	2 —	68 —
Juments.	23 dont	» —	23 —
Totaux	145 —	4 —	141 —

Voitures. — 127 voitures, appartenant à 110 propriétaires :

97 à 2 roues, attelées de 1 cheval
11 — — de 2 chevaux
14 à 4 roues, attelées de 1 cheval
5 — — de 2 chevaux
Total . . . 127

§ III. — FINANCES

A. — CONTRIBUTIONS

Principal des contributions directes en 1896 :

Contribution foncière	7.797	»
— personnelle et mobilière.	4.519	»
— des portes et fenêtres	3.292	»
— des patentes	5.385,11	
Total	20.993,11	

Perception des contributions.— La commune dépend de la perception de Saint-Denis. Le percepteur de cette circonscription se rend à la mairie de Stains, le 3ᵉ jeudi de chaque mois, de 11 heures à 3 heures.

B. — OCTROI

Pas d'octroi dans la commune.

C. — FINANCES COMMUNALES

Recettes ordinaires d'après le compte de 1895.	47.149,82	
— extraordinaires — —	4.249,37	
Total.	51.399,19	
Dépenses ordinaires d'après le compte de 1895.	46.006,33	
— extraordinaires — —	734,77	
Total.	46.741,10	

qui se répartissent ainsi par principaux genres de dépenses :

1º Enseignement.	6.729	»
2º Voirie.	7.610,76	
3º Bienfaisance.	3.182,07	
4º Police et administration	10.432,14	
5º Dépenses diverses	3.352,25	

Emprunts. — Néant.

Secours. — La commune a reçu, depuis 1890, des secours, pour l'exécution de travaux importants, savoir :

Année 1895 : Travaux de canalisation et de distribution d'eau dans la commune, 27.400 francs.

Année 1896 : Agrandissement du cimetière, 15.500 francs.

Valeur du centime en 1896. — 209 fr. 93.

Nombre de centimes. — 127 centimes 5, dont 20 extraordinaires, non compris les 3 centimes pour frais de perception des impositions communales.

Charges par habitant. — 16 fr. 56.

Receveur municipal. — Le percepteur des contributions de Saint-Denis remplit les fonctions de receveur municipal de la commune de Stains.

Il reçoit à cet effet, un traitement de 1.565 francs.

II. — SERVICES PUBLICS

§ I. — BIENFAISANCE

Bureau de Bienfaisance. — Cet établissement charitable distribue aux indigents des secours en nature : pain, viande et combustible et leur fait donner, en cas de maladie, les soins nécessaires.

Une sage-femme reçoit une indemnité annuelle de 100 francs, pour accouchement et vaccination des indigents.

Trente familles, représentant 70 individus, sont inscrites au Bureau de bienfaisance.

En outre, le Bureau distribue, chaque hiver, des secours à des indigents non inscrits.

D'après la dernière situation financière, les recettes du Bureau se sont élevées à 2.266 fr. 56, dont 1.279 francs en rentes sur l'État et 598 francs, produits des quêtes, dons, concessions dans le cimetière (il n'y a pas de secours accordé par la commune), et les dépenses à 2.062 fr. 03, dont 1.722 francs de secours en nature.

Les revenus de l'établissement ne dépassant pas 30.000 francs, c'est le receveur municipal qui est, de droit, trésorier du Bureau ; il reçoit, à cet effet, une indemnité annuelle de 85 francs.

Prix de vertu. — Mme Edwina-Charlotte Mortet, veuve de M. Étienne-Gabriel Venencie, légua, par un testament mystique, en date du 29 novembre 1878, à la commune de Stains une somme de 20.000 francs qui devait être placée en rente 3 % sur l'État et destinée à faire exécuter les dispositions suivantes :

1º Entretien de la tombe de la donatrice qui doit être élevée dans le cimetière de Stains ;

2º Fondation à perpétuité d'un prix de vertu d'une somme de 400 francs, qui sera remis à la jeune fille de la commune de Stains ayant atteint l'âge de dix-huit ans révolus, qui se sera fait distinguer par sa bonne conduite, sa morale, sa piété ou par quelque trait de bienfaisance ;

3º Versement du surplus de la somme, défalcation faite des frais de la fête, au Bureau de bienfaisance.

A la mort de Mme Venencie, survenue le 25 décembre 1878, le legs reçut son application, après autorisation préfectorale du 5 février 1880.

La testatrice stipulait, en outre, que ce prix serait décerné sur la désignation du curé et du maire, dans une cérémonie analogue à celle du couronnement des rosières.

Dans l'état actuel des choses, c'est alternativement, chaque année, le maire et le curé qui désignent la jeune fille qui doit recevoir le prix.

Hospice. — Néant.

Hôpital. — Néant.

Traitement des malades dans les hôpitaux de Paris. — Les malades de la commune sont envoyés en traitement dans les hôpitaux de Paris.

Conformément aux délibérations du Conseil général, du 3 avril 1890, et du Conseil municipal, du 17 juin 1890, la commune paye un abonnement basé sur le nombre moyen de journées de traitement des trois années précédentes, à raison d'un franc par jour et par malade.

La somme payée pour l'année 1895 a été de 844 fr. 50.

Aliénés. — 5 aliénés, ayant à Stains leur domicile de secours, ont été placés, en 1895, dans divers asiles et ont donné lieu aux dépenses suivantes :

1 à Caen	365 jours à	1,20	438 »
1 à Ville-Évrard	365 —	2,25	821,20
1 à Saint-Lô	365 —	1,20	438 »
1 à Fains	100 —	1,25	125 »
1 à Sainte-Anne	47 —	2,80	131,60
		Total	1.953,85

dont 943,20 recouvrés sur les familles.

Les proportions pour lesquelles les communes du département de la Seine doivent contribuer aux dépenses des aliénés ont été fixées par délibération du Conseil général, en date du 27 décembre 1886, à 20, 25, 30 et 35 % sur la dépense totale, suivant le revenu de la commune.

Stains contribue pour 30 % à la dépenses faite par les aliénés qui sont à sa charge, ce qui donne pour l'année 1895 :

$$\frac{1.953 \text{ fr. } 85 - 943 \text{ fr. } 20 \times 30}{100} = 303 \text{ fr. } 19$$

Enfants assistés. — L'hospice des Enfants Assistés par le département de la Seine est situé à Paris, rue Denfert-Rochereau, nos 72 et 74. La part afférente à la commune pour 1895 a été de 521 fr. 81.

Enfants moralement abandonnés. — Le contingent à fournir par la commune dans la répartition des dépenses, pendant l'année 1896, s'est élevé à 71 fr. 05.

Protection des enfants du 1er âge. — En 1895, les déclarations faites par les parents, conformément à l'article 7 de la loi du 23 décembre 1874, se résument ainsi qu'il suit :

	AU SEIN	AU BIBERON	TOTAUX
Nombre d'enfants de Stains mis en nourrice dans le département de la Seine (hors Paris)	1	2	
Nombre d'enfants mis en nourrice hors du département de la Seine	6	6	12
	7	8	15

Les déclarations d'élevage faites par les nourrices de la localité, ont été de 11 enfants, tous nés dans le département de la Seine.

Crèche. — Néant.

Dispensaire. — Néant.

Fourneau économique. — Néant.

Secours aux familles des réservistes. — Un crédit de 419 fr. 86 est inscrit au budget de 1896, pour être distribué aux familles nécessiteuses des soldats de la réserve et de l'armée territoriale.

Propagation de la vaccine. — Les enfants sont vaccinés, à leur naissance, par la sage-femme de la localité.

De plus, en exécution des prescriptions d'une circulaire préfectorale du 14 février 1894, les enfants des écoles sont vaccinés et revaccinés, aux frais du département, par les soins de l'Institut de vaccine animale, rue Ballu, n° 8, à Paris.

Caisse des Écoles. — Conformément aux dispositions de l'article 15 de la loi du 10 avril 1867, une caisse des écoles a été créée à Stains, le 1ᵉʳ septembre 1884.

La caisse des écoles a reçu, en 1895, une subvention de 200 francs du Conseil municipal.

Elle n'a que cette seule ressource, et ne parvient pas à faire face à tous les besoins.

Il n'y a pas de cantine scolaire.

Bureau municipal de placement gratuit. — Néant.

Société de Secours mutuels. — « La Fraternité de Stains » a été créée en 1879; elle comprend actuellement 34 membres dont la cotisation est de 1 fr. 50 par mois. La commune lui accorde une subvention annuelle de 50 francs. Les membres ont droit, pendant leur maladie, aux médicaments et au médecin gratuitement et reçoivent, en outre, 1 fr. 50 par jour. Les membres honoraires paient une cotisation annuelle de 8 francs.

La société de Saint-Louis, autorisée par décret du 26 mars 1852, avait été fondée primitivement par les habitants de la commune de Villetaneuse; elle fut étendue, en 1853, aux communes de Pierrefitte, Stains et Épinay. La commune de Stains lui accorde une subvention de 10 francs par an.

Les cotisations sont ainsi fixées :

Membres participants, hommes .... 21 francs par an
—   —   femmes.............. 18   —
Membres honoraires, minimum 10   —

§ II. — ENSEIGNEMENT

École de garçons. — Cette école comprend quatre classes et est fréquentée par 181 élèves; le personnel enseignant se compose de un directeur et trois instituteurs-adjoints.

École de filles. — Cette école comprend trois classes et est fréquentée par 172 élèves; une directrice et deux adjointes appartenant à la congrégation de saint Vincent de Paul sont chargées de cette école.

La commune est en instance de laïcisation pour cette école.

École maternelle. — Cette école comprend deux classes et est fréquentée par 125 élèves; deux institutrices laïques adjointes sont chargées de cette école.

Enseignement du chant, du dessin et de la gymnastique. — Ces matières sont enseignées dans les limites du programme, dans l'école des garçons seulement.

Le Conseil municipal vote chaque année :

50 francs pour l'enseignement du chant;

50 francs pour l'enseignement du dessin.

Admission dans les écoles primaires supérieures et professionnelles de la ville de Paris. — Deux élèves des écoles de Stains ont été admis dans les écoles primaires supérieures et professionnelles de la ville de Paris, pour l'année scolaire 1896-97.

Dons et legs faits aux écoles. — Néant.

Bibliothèques scolaires. — Une bibliothèque scolaire est installée dans chaque école :

Celle de l'école des garçons est composée de 423 volumes.

      —   filles   —   131 volumes.

Des prêts sont faits aux enfants des écoles et à leurs familles.

Le Conseil municipal vote, chaque année, 50 francs, pour l'entretien de la bibliothèque scolaire et pour achat de livres.

Association philotechnique. — Néant.

§ III. — VOIRIE

La longueur des voies de communication qui sillonnent le territoire de la commune est de :

2 routes départementales	4.942	mètres
3 chemins vicinaux de grande communication	2.247	—
5 chemins vicinaux ordinaires	5.349	—
57 chemins ruraux	23.761	—
Voirie urbaine	836	—
Total	37.135	—

Routes départementales. — La route départementale n⁰ *12, de Paris à Garges*, dite route de Gonesse (anciennement route départementale *n° 19*, de Saint-Denis à Gonesse) part de Saint-Denis, au point de rencontre des routes nationales *n°* *1* et *n° 14* et va jusqu'à la limite du département de la Seine.

Entre l'origine et la limite du département, sur une longueur de 3.679 mètres, la chaussée est entièrement pavée et présente une largeur de 8 mètres entre bordures.

Les accotements, dans la partie comprise entre l'origine de la route et l'entrée du Globe de Stains, sur une longueur de 2.281 mètres, présentent une largeur de 11^m, 70 et sont plantés ; dans la traverse de Stains, sur 560 mètres de longueur, les trottoirs, également plantés, ont une largeur qui varie de 11^m, 70 à 6 mètres.

De la sortie de Stains à la limite du département, sur une longueur de 838 mètres, les trottoirs ont 6 mètres de largeur chacun et sont plantés de frênes.

Un égout, construit en 1895 dans le prolongement de celui précédemment établi sur le territoire de Saint-Denis, assainit la route sur toute la longueur comprise entre la route nationale *n° 1* et le Globe de Stains.

Sa longueur, sur le territoire de Stains, est de 2.292 mètres.

La route départementale *n° 13, de Paris à Montmagny,* se compose :

1° De l'ancienne route départementale *n° 21, de Paris à Stains,* qui partait d'Aubervilliers et aboutissait à Stains au chemin vicinal de grande communication *n° 11.*

De son entrée sur le territoire de Stains jusqu'à la place de Vatry (autrefois avenue de la Belle-Allée), la chaussée est empierrée et présente une largeur de 7^m, 50 entre bordures.

Dans cette partie, les trottoirs sont plantés et ont une largeur de 3^m, 75.

La partie comprise entre la route départementale *n° 12* et la grande rue de Stains s'appelait boulevard de Stains. Par une délibération du 25 mai 1895, le Conseil municipal a changé ce nom en celui de boulevard d'Aubervilliers.

2° De l'ancien chemin vicinal de grande communication *n° 11* (de Pierrefitte à Stains) dont elle emprunte le tracé depuis la place de Vatry jusqu'à son extrémité.

De la place de Vatry jusqu'à la sortie de Stains, Grande Rue (rue Carnot, par délibération du 21 juillet 1894), la chaussée, d'une largeur uniforme de 6 mètres, est pavée en boutisses de 10/24/16 et est en bon état de viabilité ; les trottoirs ont une largeur variable, mais, nulle part, la largeur totale n'est inférieure à 10 mètres.

De la sortie du bourg de Stains où elle passe sous le pont du chemin de fer de Grande Ceinture, jusqu'à son entrée sur le territoire de Pierrefitte, près de la gare de Pierrefitte-Stains, la chaussée est empierrée et encadrée par deux caniveaux pavés ; sa largeur régulière est de 6 mètres entre deux trottoirs de 3 mètres chacun, plantés de marronniers taillés en rideaux.

L'entretien de l'empierrement est très onéreux par suite de la nature argileuse du sous-sol sur lequel il est assis et son état de viabilité laisse à désirer depuis le prolongement de l'égout de Stains jusqu'à Pierrefitte.

La longueur de la route départementale n° 13 sur le territoire de Stains est de 2.650 mètres.

Chemins vicinaux de grande communication. — Le chemin de grande communication *n° 26, de Stains à Garges* (chemin d'embranchement de la route stratégique, de Garges à Sarcelles) prend son origine sur la route départementale n° 13, à Stains, et se dirige, à travers la plaine, vers le fort de Garges. Sa longueur totale est de 822 mètres et sa largeur de 8 mètres. Il est constitué par une chaussée empierrée de 5 mètres entres bordures, y compris deux caniveaux pavés de 0m,50 chacun.

Les trottoirs sablés ont une largeur uniforme de 1m,50.

Ce chemin est en bon état.

Le chemin *n° 27, de Stains au Globe de Stains* (Grande Rue, actuellement rue Carnot), est formé de la fin de l'ancien chemin n° 11 et commence à la route départementale n° 13 pour aboutir à la route n° 12, près du Globe de Stains.

Sa longueur est de 550 mètres.

La chaussée, d'une largeur uniforme de 6 mètres, est pavée en boutisses de 10/24/16, et est en bon état de viabilité ; les trottoirs ont une largeur variable, mais, nulle part, la largeur totale n'est inférieure à 10 mètres.

Ce chemin est pourvu d'un égout sur toute la longueur.

Le chemin *n° 30, de Stains à Bonneuil* (ancien 38, de Stains à Bondy) prend son origine à la route départementale n° 12, sur le territoire de Stains ; il franchit le ru de la Salle au moyen d'un ponceau en maçonnerie et entre sur le territoire de Dugny, après un parcours de 875 mètres sur Stains.

Dans cette partie, la voie a une largeur régulière de 12 mètres, comprenant une chaussée de 6 mètres pavée en gros échantillons et deux trottoirs, de 3 mètres chacun, plantés d'arbres d'essences diverses.

Chemins vicinaux ordinaires. — Le tableau suivant donne la situation du réseau vicinal ordinaire de la commune de Stains, ainsi que des renseignements sur les travaux exécutés :

NUMÉROS	DÉSIGNATION DES CHEMINS	LONGUEUR	ORIGINE	FIN	LARGEUR moyenne TOTALE	CHAUSSÉE	CHAUSSÉE NATURE	ÉTAT	OBSERVATIONS
1	DU MOULIN A VENT	m. 1.064	Route dépar¹ᵉ n° 13.	Limite de la commune.	10 ᵐ	5 ᵐ	Pavage.	As-sez bon	
2	DU MOUTIER......	1.434	id.	Route dépar¹ᵉ n° 12 et chemin n° 30.	8	3	id.	mau vais	
3	D'AMIENS.........	1.340	Route dépar¹ᵉ n° 12.	Chemin vicinal ordinaire n° 1.	10	5	id.	id.	
4	DE LA COURNEUVE (rue de Romain-court)........	692	Globe de Stains.	Limite de la commune.	10	6	id.	Bon	
6	AV. HAINGUERLOT.	819	Route dépar¹ᵉ n° 12.	Route dépar¹ᵉ n° 13.	15	7,50	Empierrée ; caniveaux.	id.	Planté d'une rangée de platanes de chaque côté, su¹ toute la longueur (âgés de 6 ans).
	TOTAL......	5.349							

En déduisant les parties mitoyennes au compte des communes voisines, la longueur totale à entreten par la commune de Stains est de 4.562 mètres.

NOTE.— Le chemin n° 5 a été classé chemin vicinal de grande communication n° 26 (ancien 82).

Entretien. — Les dépenses relatives à l'entretien se sont élevées, en 1895, à 7.802 fr. 60 (le département a alloué une subvention de 2.465 francs).

Travaux neufs sur chemins vicinaux ordinaires { Travaux faits dans l'année et dépenses correspondantes } Néant.
Projets en préparation, néant.

		Pavage rue des Darouzets	239 68
	Travaux faits	— rue Saint-Claude	512 78
	dans l'année et	Place de Vatry	1.131 58
Voirie	dépenses	Pavage du chemin du Clos-Hanot...	373 42
urbaine	correspondantes	Maçonnerie de l'abreuvoir	440 40
		TOTAL	2.500 »
	Projets en préparation	Néant.	

Chemins ruraux. — Les chemins ruraux sont au nombre de 57; ils ne présentent aucun intérêt.

Route militaire.— Chemin vicinal de grande communication nº 26, de Stains à Garges (chemin d'embranchement de la route stratégique de Garges à Sarcelles). — Voir p. 48.

Voirie urbaine. — Les rues de la commune sont au nombre de 14, dont 6 seulement font réellement partie de la voirie urbaine; dans le nombre figurent la place de Vatry et la place du Puits Artésien. A quelques unes ont été donnés les noms de personnages historiques ou intéressant l'histoire de la commune.

Prestations.— Par suite de l'insuffisance des ressoures ordinaires de la commune applicables à l'entretien des chemins vicinaux, le Conseil municipal vote, chaque année, 3 journées de prestations en nature dont la valeur en argent est appréciée par le Conseil d'arrondissement et le Conseil général.

Le rôle de l'année 1896 comporte 649 articles imposés, se décomposant comme suit:

494 journées d'homme à 2 francs. 988
81 journées de cheval ou de mulet à 2 fr. 25. 182,25
74 journées de charrette ou voiture à 2 fr. 25 166,50

Sur ce nombre de journées, sont faites en nature:

120 journées d'homme.
63 journées de cheval ou mulet.
42 journées de charrette ou voiture.

Il convient d'ajouter que la somme provenant des prestations, se trouve, en général, considérablement réduite par suite de décharges, cotes indues et nombreuses non-valeurs.

De plus, Stains étant une des communes qui votent, chaque année, 5 centimes ordinaires, plus trois journées de prestations, reçoit du département un subside de 2.465 francs pour l'entretien de ses chemins vicinaux.

Entretien des rues et des chemins ruraux. — L'entretien des rues de la commune et des chemins ruraux se fait sous la direction de l'agent voyer communal qui a sous ses ordres un cantonnier rural.

L'agent voyer cantonnal a sous ses ordres un cantonnier chargé de l'entretien des chemins vicinaux.

Balayage. — Les habitants sont tenus de balayer régulièrement, 2 fois par semaine, au droit de leurs maisons, boutiques, cours, jardins et autres emplacements jusqu'au milieu de la chaussée dans les rues et passages dépendant de la voirie urbaine. Le balayage doit être terminé à 8 heures du matin, depuis le 1er octobre jusqu'au 1er mars et à 7 heures pendant le reste de l'année.

Droits de voirie. — Voir annexes (les droits de voirie ont été établis par délibération du Conseil municipal, du 15 octobre 1843). Leur produit, pour l'année 1895, a été de 639 fr. 25.

Ponts. — Un ponceau en maçonnerie sur le ru de la Salle.

Rus. — Il a été fait mention à l'article « Hydrographie » des divers rus sillonnant le territoire de le commune.

Leur curage a donné lieu, en 1895, aux travaux suivants :

Curage du Rouillon.— Exécuté, sur Stains, par le meunier du moulin de Romaincourt, en ce qui concerne le bief d'amont de son moulin.

Curage de la Vieille-Mer.— Exécuté par les propriétaires riverains, chacun au droit de soi.

Curage du ru de Stains.— Exécuté à l'entreprise par les soins du maire. Dépense (305 fr. 32) supportée entièrement par les propriétaires riverains.

Port. — Néant.

Égout. — Un égout départemental, construit en 1895, sous la route départementale n° 12, depuis la route nationale n° 1 jusqu'au Globe de Stains et prolongé jusqu'à Pierrefitte sous le chemin de grande communication n° 27 et la route départementale n° 13.

Son curage a coûté, en 1895, 450 francs.

Enlèvement des boues. — L'enlèvement des boues provenant du balayage des rues et des ordures ménagères sur toutes les voies publiques et sur les voies particulières, de quelque nature qu'elles soient, pavées ou macadamisées, fait l'objet d'une dépense de 450 francs par an.

Distance de Paris. — La distance de Paris (parvis Notre-Dame) à Stains (Mairie) est de 13 kilomètres 500 mètres par la route départementale n° 13.

Distance du chef-lieu de canton.— La distance de Stains à Aubervilliers est de 5 kilomètres 200 mètres.

Distance des autres communes du canton :

Villetaneuse est à 4 kilomètres 500 mètres.
Pierrefitte est à 2 kilomètres 300 mètres.
Dugny est à 3 kilomètres 700 mètres.
La Courneuve est à 3 kilomètres 800 mètres.

Moyens de transport. — La commune de Stains est desservie par les chemins de fer du Nord et de la Grande-Ceinture.

Grande-Ceinture. — La station de Stains-Pierrefitte-Grande-Ceinture est desservie par quatre trains par jour dans chaque sens. Elle est située à l'ouest de la commune et se trouve reliée à la ligne de Creil par un raccordement exécuté en vue d'opérations stratégiques.

Chemin de fer du Nord. — Ligne de Paris à Creil par Chantilly (gare de Pierrefitte-Stains, située presqu'à égale distance des deux pays). Treize trains allant sur Paris s'arrêtent à Pierrefitte-Stains; quatorze trains allant vers Creil s'y arrêtent également, entre 5 heures du matin et minuit 1/2.

La durée du trajet entre Paris-Nord et Pierrefitte-Stains est de 17 minutes. La distance est de 11 kilomètres.

	BILLETS SIMPLES			BILLETS D'ALLER ET RETOUR		
	1re CL.	2e CL.	3e CL.	1re CL.	2e CL.	3e CL.
Prix du trajet entre Paris-Nord et Pierrefitte-Stains...........	1 fr. 25	0 fr. 85	0 fr. 55	1 fr. 85	1 fr. 35	0 fr. 85

Prix des cartes d'abonnement :

POUR UN MOIS			POUR TROIS MOIS			POUR SIX MOIS			POUR UN AN		
1re CL.	2e CL.	3e CL.	1re CL.	2e CL.	3e CL.	1re CL.	2e CL.	3e CL.	1re CL.	2e CL.	3e CL.
42 fr.	32 fr.	21 fr.	94 fr.	71 fr.	47 fr.	141 fr.	106 fr.	71 fr.	212 fr.	159 fr.	106 fr.

Une réduction de moitié sur le prix des abonnements ordinaires est accordée aux élèves qui, n'ayant pas 18 ans, font leurs études dans un lycée ou dans tout autre établissement d'instruction.

Les élèves âgés de plus de 18 ans paient, pour un abonnement d'un an, le prix d'un abonnement de 6 mois et, pour un abonnement de 6 mois, le prix d'un abonnement de 3 mois.

Il est délivré aux étudiants des facultés :

1°Des abonnements de 10 mois pour la période scolaire, avec réduction de moitié sur le prix fixé pour l'année entière.

2° Des abonnements d'un an commençant à courir les 1er, 11 ou 21 d'un mois quelconque, aux prix fixés par le présent tarif pour les abonnements de 6 mois.

Billets d'ouvriers. — La Compagnie du chemin de fer du Nord met des billets à prix réduit, aller et retour, entre Stains et Paris, à la disposition des ouvriers, dans les conditions habituelles.

Omnibus. — Un omnibus fait le service de la gare de Pierrefitte jusqu'au Globe de Stains (2 kilomètres). Il y a sept départs par jour dans chaque sens. Le premier départ de Pierrefitte a lieu à 8 h. 20 du matin et le dernier à 8 h. 50 du soir.

Le prix des places est de 0 fr. 15.

Eaux. — La commune possède sur une petite place, rue Carnot, en face de l'église, un puits artésien.

Elle entretient de plus, au château d'eau de la rue Saint-Claude, un fontainier payé 1.200 francs par an, avec le logement, le chauffage et l'éclairage.

Il existe 11 bornes-fontaines servant aux besoins publics.

La commune possède 3 concessionnaires.

Éclairage au gaz. — La commune a passé, le 26 novembre 1873, avec la Compagnie parisienne du gaz, 6, rue Condorcet, un traité pour la fourniture du gaz nécessaire à l'éclairage tant public que privé, approuvé par arrêté préfectoral du 25 février 1874.

Ce traité expire le 31 décembre 1905.

L'éclairage public comprend les édifices communaux et 40 becs pour l'éclairage des voies.

Il est dressé, chaque trimestre, un tableau indiquant les jours et heures auxquels devront être faits l'allumage et l'extinction du gaz.

Le prix du mètre cube de gaz pour l'éclairage public est de o fr. 20.

Le prix du mètre cube de gaz pour l'éclairage privée est de o fr. 40.

§ IV. — JUSTICE ET POLICE

Justice de Paix. — La commune de Stains dépend de la Justice de Paix de Saint-Denis.

Les audiences de conciliation ont lieu le mardi et les audiences publiques le vendredi.

Officiers ministériels. — Il n'y a pas d'officiers ministériels dans la commune.

Commissariat de Police. — Stains relève du commissariat de Police de Saint-Denis nord. Des agents de ce commissariat effectuent, à des intervalles réguliers, des tournées dans la commune.

Gendarmerie. — Stains n'a pas de caserne de gendarmerie sur son territoire. La brigade de Pierrefitte vient faire des rondes quotidiennes dans la commune.

Garde champêtre. — Il n'y a qu'un garde champêtre dans la commune.

Messiers. — Néant.

§ V. — CULTES

Paroisse. — La paroisse de Stains constitue une cure dont le titulaire reçoit un traitement de 1.000 francs par an.

Budget de la fabrique. — Les recettes du budget de la fabrique s'élèvent à 2.200 francs environ.

Fondations. — Différentes fondations, d'un total de 65 francs de rente, ont été faites à la fabrique, dont elles sont destinées à augmenter le budget.

Congrégations. — Les filles de la charité de Saint-Vincent-de-Paul dirigent l'école communale des filles, située n° 68, rue Carnot, et une maison de retraite pour les vieillards des deux sexes, qui se trouve rue du Repos.

Cette maison, fondée en 1893, compte actuellement 20 pensionnaires.

Le prix minimum de la pension est de 800 francs.

§ VI. — SERVICES DIVERS

Postes, télégraphe, téléphone. — Le Bureau de Poste et Télégraphe est situé dans l'aile droite du bâtiment de la mairie, avenue Hainguerlot.

Le rez-de-chaussée contient les bureaux ; au 1er étage est le logement de la directrice.

Le service est fait par une receveuse, une aide, deux facteurs et un piéton.

Il est fait quatre distributions par jour.

Indépendamment de la boîte aux lettres qui se trouve au bureau de poste, il y a dans la commune une autre boîte placée à la section du Globe de Stains, route de Gonesse.

Il n'y a pas d'installation téléphonique.

Caisse nationale d'épargne (postale). — Le Bureau de Poste a un guichet spécialement affecté aux opérations de la Caisse d'épargne postale créée par la loi du 9 avril 1881, sous la garantie de l'État.

Quatre-vingt-deux livrets ont été demandés pendant l'année 1895 et le chiffre des versements effectués, pendant cette même année, s'est élevé à la somme de 10.472 fr. 51.

Sapeurs-pompiers. — La subdivision des sapeurs-pompiers de Stains a un effectif de 25 hommes dont 2 sergents, 4 caporaux, 2 clairons ; elle est commandée par un lieutenant.

Les pompiers sont exonérés des prestations ; les clairons, en outre, reçoivent chacun une solde de 50 francs par an.

La commune a voté, en 1895 :

> 209 francs pour frais d'habillement et d'équipement ;
> 52 fr. 70 pour l'entretien des pompes et accessoires ;
> 130 francs pour la Caisse d'assurance.

Le matériel de secours composé de deux pompes, d'un dévidoir et de divers accessoires, est remisé dans un local situé dans l'aile gauche de la Mairie.

Marché. — Un marché aux comestibles a lieu chaque dimanche, place de Vatry, de 8 heures à 3 heures, toute l'année.

Le prix de la concession est de o fr. 15 par mètre, perçus en régie.

Le nombre de marchands venant régulièrement est de 5.

Le total des marchandises en vente en 1895, s'est élevé à :

Volailles et gibiers	400 kilog.
Viandes	5.000 —
Beurres, œufs et fromages.	1.200 —
Poissons, fruits et légumes, objets divers. . . .	10.000 —

Pompes funèbres. — Aucun traité n'a été passé entre la commune et l'entreprise des pompes funèbres générales.

La fabrique est propriétaire des tentures pour l'église et les maisons mortuaires ; les cercueils sont toujours portés à bras et les porteurs peuvent être choisis par les familles.

Si l'on veut donner plus d'éclat à une cérémonie funèbre, il faut s'adresser au curé qui fait venir de Paris le matériel demandé.

La mairie possède un brancard et un drap pour les enterrements civils.

Bureau de tabac. — Il n'y a dans la commune qu'un seul bureau de tabac, qui se trouve rue Carnot, 74.

Bibliothèque municipale publique. — La bibliothèque municipale de prêts gratuits à domicile a été fondée en 1882.

Elle est installée dans une des salles de la mairie et placée sous la direction du secrétaire de la mairie. Elle est ouverte tous les jours de la semaine, de 8 heures à 11 heures du matin, et de 1 heure à 5 heures du soir et, le dimanche, de 8 à 10 heures du matin.

1.143 volumes sont mis à la disposition des lecteurs, qui sont au nombre de 314.

Archives de la commune. — Les archives de la commune se composent : des registres paroissiaux de l'état civil depuis l'année 1660 jusqu'à 1792, et des registres de l'état civil depuis 1793 ; ces volumes sont un bon état et reliés en veau fauve ;

Des registres des délibérations depuis l'année 1815, et de divers titres de propriété, tous modernes.

§ VII. — PERSONNEL COMMUNAL

NOMBRE	EMPLOI	TRAITEMENT
I	Médecin de l'état civil...............................	100 francs
I	Secrétaire de la mairie	2.200 —
I	Receveur municipal (emploi occupé par le percepteur de Saint-Denis)......................................	1.565 —
I	Architecte voyer......................................	300 —
I	Cantonnier..	1.440 —
I	Garde champêtre.......................................	1.100 —
I	Appariteur (en même temps concierge de la mairie).......	1.200 —
I	Gardien du cimetière, fossoyeur........................	200 —
I	Femme de service des écoles (garçons) ....,........	275 —
I	id. id. (filles).....................	225 —
	id. id. (asile)	400 —
I	Fontainier...	1.200 —

III. — RENSEIGNEMENTS DIVERS

Fêtes locales et foires. — La fête communale se tient chaque année, place de Vatry, le dimanche qui suit le 15 août. Elle dure 9 jours.

Le couronnement de la rosière (legs Venencie), a lieu le lundi après le premier dimanche de la fête communale.

Courses de chevaux. — Néant.

Principales industries. — Une papeterie ; deux fabriques de toile cirée ; une fabrique de celluloïd occupant 105 ouvriers ; une fabrique de chromolithie, occupant 80 ouvriers.

Commerce et productions du pays. — La culture des céréales et la culture maraîchère ont complètement remplacé l'ancienne industrie du vin, dont les plants ont dû être successivement arrachés.

Écoles libres. — Néant.

Établissement privé de bienfaisance. — Maison de retraite, rue du Repos (V. Congrégations, p. 54).

Sociétés diverses. — Une fanfare, société privée, a été fondée en 1867.

Elle compte 18 membres actifs et 35 membres honoraires, qui paient une cotisation de 6 francs par an.

Dans le but de faire naître, de développer et d'entretenir le goût et la pratique des exercices du tir, une société de tir appelée « Les Flobertistes » a été créée à Stains, le 21 janvier 1882.

Elle se compose de 25 membres actifs, payant une cotisation de 12 francs par an, et 40 membres honoraires qui versent annuellement une somme de 6 francs.

Depuis le 10 avril 1884, fonctionne une société de gymnastique et de tir, dénommée « l'Espérance de Stains ».

Les membres actifs sont au nombre de 25 et le montant de leur cotisation s'élève à 12 francs par an.

Il existe, de plus, des membres honoraires au nombre de 107, qui participent à raison de 6 francs par an aux dépenses de la société.

Médecins, pharmaciens, vétérinaires, sages-femmes :

Pas de médecin.

Un pharmacien.

Pas de vétérinaire.

Deux sages-femmes.

ANNEXES

CONSEIL MUNICIPAL (1896)

MM. SOLON, maire.

MOREAU, ALBERT, adjoint.

GAUROIS, conseiller.

AUBERT, LÉOPOLD, conseiller.

GAUTHIER, —

THILLAY, —

AUBERT, ALFRED, —

PATY, —

MM. CHATELAIN, conseiller.

LARCHER, —

TURIN, —

MARCHAL, —

TOUROUDE, —

BÉGUÉ, —

DEVIENNE, —

TOURET, —

TARIF DES CONCESSIONS

DANS

LE CIMETIÈRE

———

Des concessions perpétuelles, trentenaires ou temporaires de quinze ans sont délivrées aux prix fixés par le tarif suivant :

CONCESSIONS PERPÉTUELLES

Deux mètres superficiels. . . . .　210 fr.

CONCESSIONS TRENTENAIRES

Deux mètres superficiels. . . . .　105 fr.

CONCESSIONS TEMPORAIRES

Deux mètres superficiels . . . .　69 fr.

Il n'est pas fait de concession de moins de deux mètres, quelle que soit la durée de la concession ; les augmentations se font toujours par deux mètres et au même prix que les deux premiers mètres.

Droit de séjour dans le caveau provisoire :

1ᵉʳ mois.	20 fr.
45 premiers jours.	25 fr.
Chaque journée suivante	1 fr.

Le cimetière est ouvert : pendant l'été, de 6 heures du matin à 6 heures du soir et, pendant l'hiver, de 8 heures du matin à 5 heures du soir.

TARIF DES DROITS DE VOIRIE

Arrêté du 17 janvier 1893

---

§ I. CONSTRUCTIONS NEUVES

Alignement pour chaque mètre de longueur de façade de bâtiment en maçonnerie jusqu'à deux étages, par mètre courant	3 fr. »
— pour chaque étage en plus, par mètre courant	o fr. 5o
— pour chaque mètre de longueur de façade de construction en pan de bois.	5 fr. »

Alignement pour chaque mètre de longueur de façade de mur de clôture.

en maçonnerie	o fr. 8o
en grille	o fr. 75
en planches.	o fr. 5o
en échalas ou treillage .	o fr. 25

Outre les droits précédents, il sera perçu pour l'établissement des ouvertures, savoir :

Pour une porte charretière ou cochère, droit fixe . .	5 fr. »
— — bâtarde, droit fixe . .	3 fr. »
Pour une baie de boutique ; jusqu'à 3 mètres, droit fixe	4 fr. »
— — pour chaque mètre en plus	1 fr. »
Pour une croisée, un soupirail, une porte de cave ou autre.	3 fr. »
Exhaussement d'un mur de clôture, par mètre courant.	o fr. 3o
Ouverture d'une porte charretière ou cochère ou d'une grille, droit fixe	5 fr. »
Ouverture d'une porte bâtarde, droit fixe	3 fr. »
— baie de boutique, jusqu'à 3 mètres droit fixe	4 fr. »
Ouverture d'une baie de boutique pour chaque mètre en plus, droit fixe	1 fr. »

5

§ II. CONSTRUCTIONS EN SAILLIE

1° *Saillies fixes*

Grand balcon (balcon ayant plus de 2 mètres de longueur) par mètre linéaire.	5 fr.	»
Petit balcon, droit fixe	1 fr.	»
Perron en pierre, droit fixe	6 fr.	»
Colonne ou pilastre, droit fixe.	3 fr.	»
Borne engagée ou isolée, droit fixe	o fr.	80
Entablement, par mètre courant	1 fr.	»
Corniche en pierre, par mètre courant.	1 fr.	50
Corniche en moellon, plâtre ou brique, par mètre courant.	1 fr.	»
Devanture de boutique, non compris les portes, par mètre courant	1 fr.	»
Grille de boutique, par mètre courant	1 fr.	»
Tuyau de descente pour les eaux ; jusqu'à 2 étages droit fixe	2 fr.	»
Chaque étage en plus, droit fixe	o fr.	50
Auvent en bois ou en métal, n'ayant pas plus de o^m, 70 de saillie, par mètre courant	1 fr.	»
Marquise au-dessus d'une porte d'habitation, de magasin ou de boutique, droit fixe.	20 fr.	»

2° *Saillies mobiles*

Enseigne mobile ou peinte sur la façade, écusson, tableau, bouchon de cabaret, droit fixe.	3 fr.	»
Porte ouvrant au dehors, droit fixe	2 fr.	»
Contrevents, volets ou persiennes, grilles ou barreaux en saillie d'une porte ou d'une fenêtre, droit fixe	1 fr.	»

(Les droits stipulés au § 2 seront perçus indépendamment des droits établis au § 1er, mais ils ne seront que d'un demi-droit en cas de rétablissement).

§ III. TRAVAUX D'EXHAUSSEMENT OU DE RÉPARATION

Exhaussement d'un bâtiment, par mètre courant et par étage	o fr.	60

Ouverture d'une croisée, d'un soupirail, d'une porte de cave ou autre, droit fixe	3 fr. »
Reconstruction partielle du chaperon de mur de clôture en plâtre, par mètre courant.	o fr. 5o
Reconstruction partielle d'un chaperon d'un mur de clôture en tuile ou en brique, par mètre courant .	o fr. 7o
Reconstruction totale d'un mur de clôture, par mètre courant.	o fr. 5o
Reconstruction d'une jambe étrière ou d'un pied droit droit fixe	5 fr. »
Pose d'un linteau, droit fixe.	2 fr. »
— poitrail ou d'un poteau, par mètre courant.	1 fr. »
Ravalement partiel d'un bâtiment de 2 étages ou plus, par mètre courant	o fr. 5o
Ravalement pour chaque étage en plus, par mètre courant	o fr. 20
Ravalement partiel d'un mur de clôture, par mètre courant. . . . . . . :	o fr. 25
Ravalement général d'un bâtiment de deux étages, au plus, par mètre courant.	o fr. 75
Chaque étage en plus, par mètre courant.	o fr. 25
Ravalement général d'un mur de clôture, par mètre courant.	o fr. 40
Soubassement ou revêtement en dalles ou rocailles par mètre courant	o fr. 90
Peinture ou badigeon d'un bâtiment, par mètre courant	o fr. 3o
Peinture ou badigeon d'un mur de clôture, par mètre courant	o fr. 20

§ IV. DROITS DIVERS

Barrière devant les travaux, droit fixe	3 fr. »
Étai, étrésillon, chevalement, contre fiche, par pièce.	o fr. 5o
Dépôts de matériaux faits sur la voie publique à l'occasion des constructions ou réparations autorisées, par mètre superficiel et par mois (sans pouvoir taxer moins d'un mètre)	o fr. 25

TABLE

———

RENSEIGNEMENTS ADMINISTRATIFS

I. TOPOGRAPHIE, DÉMOGRAPHIE ET FINANCES

§ I. *Territoire et domaine*

§ II. *Démographie*

COMPOSÉ, IMPRIMÉ ET BROCHÉ
PAR LES PUPILLES DU DÉPARTEMENT DE LA SEINE,
ÉLÈVES DE L'ÉCOLE D'ALEMBERT
A MONTÉVRAIN

COMPARAISON

DE LA

POPULATION

ET DES

RECETTES ORDINAIRES

Relevées aux époques de Recensement

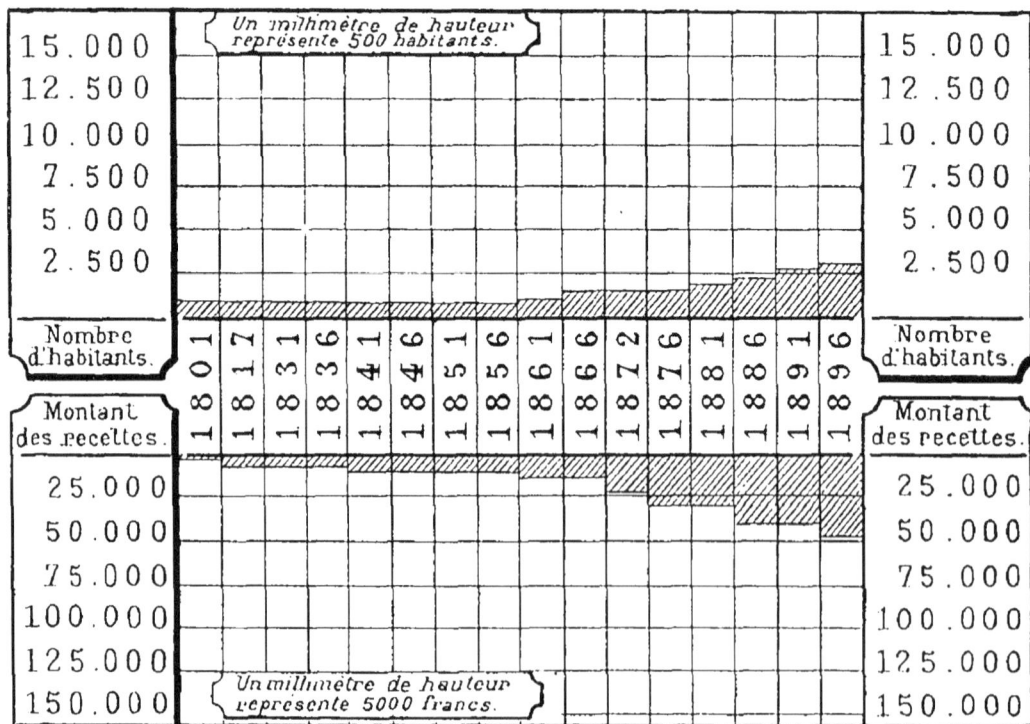

(1801 à 1896)

15.000	*Un millimètre de hauteur représente 500 habitants.*																15.000
12.500																	12.500
10.000																	10.000
7.500																	7.500
5.000																	5.000
2.500																	2.500
Nombre d'habitants.	1801	1817	1831	1836	1841	1846	1851	1856	1861	1866	1872	1876	1881	1886	1891	1896	Nombre d'habitants.
Montant des recettes.																	Montant des recettes.
25.000																	25.000
50.000																	50.000
75.000																	75.000
100.000																	100.000
125.000																	125.000
150.000	*Un millimètre de hauteur représente 5000 francs.*																150.000

ÉTAT COMPARATIF

De la Population et des Recettes Ordinaires
des Communes du Département
en 1896.

Recettes ....   Population ......o—

Un millimètre de hauteur
représente
5.000 francs ou 500 habitants

STAINS

STAURS

www.ingramcontent.com/pod-product-compliance
Lightning Source LLC
LaVergne TN
LVHW050302090426
835511LV00039B/807